Monts d'Arrée

Hervé Bellec
Jean-Yves Guillaume

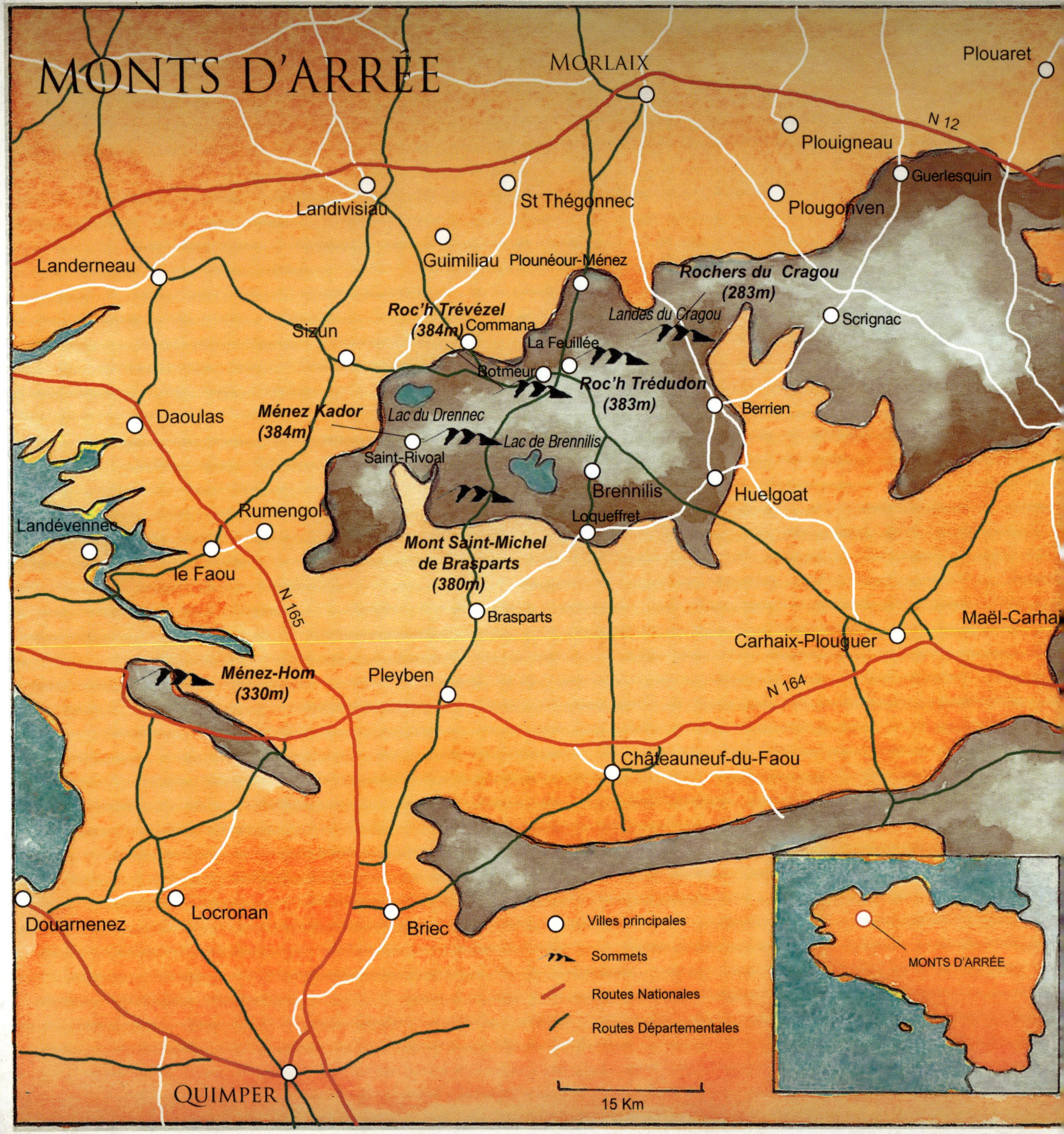

MONTS D'ARRÉE
Morlaix
Plouaret
N 12
Plouigneau
Guerlesquin
Landivisiau
St Thégonnec
Plougonven
Landerneau
Guimiliau
Plounéour-Ménez
Rochers du Cragou
(283m)
Landes du Cragou
Scrignac
Roc'h Trévézel
(384m)
Commana
Sizun
La Feuillée
Botmeur
Roc'h Trédudon
(383m)
Berrien
Daoulas
Ménez Kador
(384m)
Lac du Drennec
Lac de Brennilis
Saint-Rivoal
Brennilis
Huelgoat
Rumengol
Landévennec
Loqueffret
le Faou
Mont Saint-Michel
de Brasparts
(380m)
N 165
Brasparts
Maël-Carhaix
Carhaix-Plouguer
Ménez-Hom
(330m)
Pleyben
N 164
Châteauneuf-du-Faou
Douarnenez
Locronan
Briec
Villes principales
Sommets
Routes Nationales
Routes Départementales
MONTS D'ARRÉE
15 Km
QUIMPER

SOMMAIRE

LE CHANT DE LA LÉGENDE

J'avais le projet de visiter les montagnes d'Arès, dont on parle en Bretagne, comme des Alpes ou des Cordillères ; dont les mœurs, les usages offrent, dit-on, des particularités singulières...

Jacques Cambry, *Voyage dans le Finistère*, 1794

Je pense pouvoir affirmer avec une quasi-certitude que ma première rencontre avec les monts d'Arrée se situe à l'automne 1974. Le bac encore frémissant en poche, je m'étais inscrit en fac à Brest et mon père, pour quelques deniers, m'avait dégoté une vieille 4L d'occasion capable de faire des allers-retours réguliers entre la demeure familiale du pays Pourleth et la ville de Brest où j'étais censé me consacrer à des études de lettres modernes.

J'en ai gardé une vision absolue, intacte et sacrée. La plupart de nos souvenirs, bons ou mauvais, amoureux, professionnels ou vagabonds, empiètent sur nos pensées de manière plus ou moins confuse mais certains d'entre eux, et ils sont rares — heureusement d'une certaine façon — sont comme sanctuarisés dans notre mémoire. Ce sont ces instants de grâce qui de leur encre indélébile ont tatoué nos parcours personnels, ont jalonné notre géographie intime. Je rentrais donc ce dimanche soir de chez mes parents au volant de cette satanée 4L qui déjà saignait des quatre veines dans la montée du Roc'h Trédudon. À cette époque, la Renault 4 était bien plus qu'une automobile. C'était un refuge pour s'abriter de la pluie, une base de repli pour écluser des bières avec les copains, de temps en temps un hôtel pour y dormir et par temps de grâce, une alcôve pour embrasser les filles et leur faire croire qu'elles étaient dans une soucoupe volante mais ce jour-là, nulle compagne pour me détourner du droit chemin. Nous devions être en novembre, ou peut-être fin octobre, en tout cas aux alentours de la Toussaint.

Bref, je roulais vers Brest, via la D 764. Nous étions en fin d'après-midi et déjà s'annonçaient les premiers signes du crépuscule. Je crois me souvenir que le ciel était dégagé et que l'air était encore doux, presque onctueux. Non, je ne crois pas m'en souvenir, je m'en souviens parfaitement. Oui, c'est ça. Je me souviens de chaque reflet orangé posé sur l'enclume dentelée des crêtes, je saurais dessiner de mémoire le profil de chaque arête, le galbe de chaque mamelon et les reflets de cuivre qui nappaient ce soir-là le lac de Brennilis comme une couche de beurre sur la billig. Si j'étais un scientifique, j'aurais pu à n'en pas douter formuler la composition chimique de l'air ainsi que le taux de pollinisation. Oui, je me souviens de tout sauf d'une seule chose, paradoxa-

Le lac de Brennilis, au crépuscule du premier jour.

lement. Me voici incapable de me remémorer si l'antenne de Roc'h Trédudon avait été remontée à ce moment-là. Tout le monde se rappelle bien sûr que le relais-émetteur de télévision avait été victime en 1973 d'un attentat attribué selon les sources tantôt au Front de Libération de la Bretagne, tantôt à une bavure militaire au cours d'une manœuvre un rien cafouilleuse, en conséquence de quoi les Bretons furent privés de petit écran pendant trois mois. Entendez bien, belle jeunesse ! Trois mois sans téloche ! Et c'est ainsi qu'est née la légende moderne d'un soi-disant baby-boom breton consécutif aux longues soirées passées loin de Jacques Martin ou de Guy Lux. Donc, me voilà seul au pied du Roc'h Trédudon où je décide de garer ma 4L le temps d'un arrêt pipi.

Passant, prends garde aux Lavandières de la nuit...

« La Terre est bleue comme une orange »
Paul Éluard

Comme je l'ai dit, c'était la première fois que je traversais les monts d'Arrée. On m'en avait parlé, bien évidemment, et j'avais observé des photos ici et là. Comble de malchance, j'avais raté deux ans auparavant, pour des raisons aujourd'hui oubliées, une sortie scolaire qu'avait programmée mon établissement avec comme point d'orgue la visite de la centrale nucléaire de Brennilis, la « pile atomique », comme on disait jadis. Rares à l'époque étaient les voix qui s'insurgeaient contre ce type d'énergie, au contraire on entendait plutôt un concert de louanges face à cette prouesse technologique qui nous ouvrait toutes grandes les portes de la civilisation.

Le dragon et l'ankou, portiers des monts d'Arrée. (Landes du Cragou, Commana, Lannédern)

C'était donc une première fois. Vaguement inquiet, j'ai coupé le moteur et je suis sorti du véhicule en prenant soin de ne pas claquer la porte, de peur sans doute de réveiller les trépassés et toute une foule de fantômes dont j'avais eu vent. Je ne croyais bien sûr pas un seul instant en ces balivernes, ces créatures mythiques et fabuleuses — korrigans, lavandières, ankou... — qui n'existaient que dans l'imagination des esprits simples jusqu'au jour où j'ai compris que même si l'Ankou, les Korrigans et les Lavandières de la nuit n'ont aucune légitimité concrète et donc aucune existence avérée sur notre planète, ils existent vraiment dès lors qu'on se retrouve sur place, abandonné aux forces souterraines, livré comme tribut aux mâchoires d'un dragon affamé.

Yeun Elez, porte de l'Enfer

Nulle autre voiture ne se montra pendant de longues minutes. Seul, un ronronnement lointain froissa le silence lorsqu'une nuée de corneilles s'envola vers un clocher au loin dont j'ignorais à l'époque qu'il fut celui de Botmeur. Impossible de définir quel était mon état d'esprit à ce moment précis mais un frisson presque douloureux m'a tronçonné l'échine. Je me suis retrouvé en pleine trajectoire de la course d'un fluide aérien ou d'une onde tellurique, je ne sais exactement qui, d'est en ouest, traversait la montagne. Je me trouvais à l'épicentre des monts d'Arrée. C'était exactement comme je le craignais mais c'était aussi beaucoup plus que ça.

On m'avait dit que là-haut, sur les landes du Cragou, le brouillard était à couper à la faux, que les sentiers étaient

si boueux que même la carriole de l'Ankou une nuit s'y empêtra et c'est ainsi que Job ar Ruz survécut dix ans à sa propre mort. On m'avait dit que le schiste était ici si tranchant qu'il cisaillait sans pitié les mains des maladroits. Des voix averties m'avaient prévenu : quand tu aperçois la chapelle Saint-Michel au sommet de la montagne, c'est signe de pluie et dès que tu ne la vois plus, c'est qu'il pleut déjà. Et quand il ne pleut pas,c'est qu'il pleuviote ou alors qu'il bruine, qu'il bruinasse, qu'il brouillasse ou bien qu'il crachine ou même crachouillasse. Qu'il grêle, qu'il neige, aussi bien ! On m'avait parlé du froid qui gerce les lèvres et dessèche les âmes, de l'hiver qui s'incruste trois cents jours par an et de l'obscurité qui se confond avec les ténèbres dès lors qu'on approche du Yeun.

L'enclume dentelée des crêtes du Trévézel

La montagne Saint-Michel,
le mont Athos du peuple celte

Oui, on m'avait averti de tous ces dangers et de choses plus terrifiantes encore. Un dicton de Scrignac affirmait que pour passer au-dessus des landes de Vergam, les corbeaux volaient sur le dos pour ne pas voir la misère en bas. Une légende — mais est-ce vraiment une légende, personne ici ne se risquerait à mettre en doute le savoir des Anciens — une légende, donc, m'avait laissé entendre qu'ici s'ouvraient les Portes de l'Enfer, celles qui se fermaient à jamais, et malheur au voyageur égaré si son chemin croisait les Créatures de la nuit. Ici s'ouvrait le territoire de la désolation, le chaudron des basses solitudes. Ici était le pays où l'on baissait la tête. Ne prospéraient alors que les ronces et les chants mélancoliques, et c'est en titubant que des silhouettes hagardes regagnaient par des chemins détournés

leur foyer misérable qu'ils partageaient pêle-mêle avec leurs bêtes autour d'un maigre feu de tourbe.

On m'avait également prévenu que je ne croiserais ici que des êtres farouches au regard sec, des femmes au poil noir, à la langue fourchue, des enfants aux yeux hallucinés, tous prompts à saisir une lame pour détrousser le paisible randonneur, tous issus d'une longue lignée de générations corrompues par la consanguinité, les disettes et l'ignorance des Saintes Écritures. Sceptique, j'avais tenu à m'instruire dans des livres modernes de géographie. Eux aussi mettaient l'accent sur l'isolement de la région, l'enclavement, l'abandon des vieilles fermes, le vieillissement des populations, l'inexorable déclin démographique,

Randonnée nocturne organisée par ADDES

Plouyé,
si loin de tout,
si près de nous

les terres en déprise, les archipels de solitude excommuniés de la modernité et du sacro-saint dogme de l'aménagement du territoire.

Le jour, on y meurt d'ennui et la nuit, on y crève de trouille, m'avait soufflé à l'oreille la voix lugubre d'un homme qui bénissait le Ciel de l'avoir fait sortir des monts d'Arrée après vingt-deux ans passés dans le lit d'une femme de Brasparts, une braspartiate, puisque c'est ainsi qu'elles se nomment.

Et la mentalité, parlons-en de la mentalité des gens des monts d'Arrée. Ou plutôt, n'en parlons pas ! C'est mieux ainsi ! À force de trop craindre les loups ou de trop les chasser, eux-mêmes se sont transformés en hommes loups. Il suffit pour s'en convaincre de regarder leurs yeux jaunes qui scintillent dans la nuit,

il suffit d'entendre leurs chants qui parfois ressemblent à des cris de bêtes sauvages. Sachez que le hurlement d'un loup peut durer jusqu'à 90 secondes et comporter plus de douze harmoniques, que son estomac peut contenir 10 kg de nourriture, qu'il peut sentir sa proie à cinq kilomètres si le vent est favorable. En 1789, on comptait environ cinq cents loups dans la région, on en tuait à peu près autant chaque année. Les derniers témoignages confirmant l'existence d'un loup datent de 1906. À Loqueffret, au pied du Roc'h Beg an Eor (277 m), on aurait vu un loup à trois pattes errer dans la lande et sa plainte, que je sois pendu si je mens, ne cesse de retentir contre les parois de grès qui dévorent les nuages. Vous ne me croyez pas ? Allez quérir Patrick Ewen et demandez au barde ce qu'il a vu de ses yeux vus une nuit de pleine lune alors qu'il regagnait à pied sa demeure du Mengleuz. Demandez-lui.

Sizun,
rue des Monts d'Arrée

Pour l'heure, c'est moi qui tremblais de peur et de froid. J'entendais mes dents claquer, à moins qu'il ne se soit agi des bielles de ma 4L que j'avais d'urgence regagnée, trop heureux de m'enfuir de ce pays d'outre-tombe. Je tremblais car tout ceci était la vérité vraie, écrite à l'encre de schiste bleu, la vérité aussi vraie que la lande est lande et que les sources sont sources, car je la tenais de sages qui eux-mêmes la tenait d'ancêtres qui la tenait d'une infaillible vérité remontant à la nuit des temps et qui inlassablement me contait la légende du pays qui a froid.

LE CHANT DE LA MONTAGNE

C'est entendu, les monts d'Arrée — les « monts d'Ar' », comme disent les jeunes d'ici — appartiennent au Massif armoricain, vaste ensemble géologique représenté en tache marron claire sur la carte du relief de la France affichée sur les murs de nos classes primaires, tache qui faisait si riquiqui par rapport à la puissance arrogante des Alpes ou des Pyrénées, tache qui faisait tache, justement, au milieu de cette belle plage verte qui couvrait le pays à l'ouest d'une ligne allant de Bayonne à Charleville-Mézières. Si on observe de près cette tache marron claire, on s'aperçoit qu'elle a un peu la silhouette de l'île d'Ouessant, souvent elle-même comparée à une pince de crabe, comme si l'île s'était réfléchie sur le continent, à moins bien sûr que ce ne soit l'inverse, que l'ombre du massif se soit échappée en mer. Et cette tache englobe également les Montagnes Noires au sud ainsi que les collines du Méné à l'Ouest, en pays d'Argoat.

Les monts d'Arrée ne sont donc qu'une petite partie de ce fameux Massif armoricain qui continue son histoire hors nos murs, en Normandie ou en Vendée. Ce sont aujourd'hui de vieilles montagnes hercyniennes qui se souviennent avoir culminé, il y a trois cents millions d'années, à plus de 3 000 mètres. Les géologues situent l'orogénèse de cette chaîne au paléozoïque, qu'on appelait jadis ère primaire, à une époque où l'Eurasie et l'Amérique ne formaient qu'un seul continent, la Laurasie. C'est alors que des forces telluriques se sont soulevées des Appalaches aux Balkans, que le magma a jailli des ténèbres comme d'un ventre

habité, bref que notre mère La Terre est entrée en adolescence. Trois mille mètres, mon bon monsieur, avant que le temps n'accomplisse sa funeste besogne. Ces fières montagnes se sont lentement affaissées, plissées, courbées, comme des vieilles dames fatiguées, rabotées par des vents méchants, poncées par des glaciers gigantesques, creusées par des rivières téméraires, érodées, arasées, décapitées. La Montagne est retournée dans son utérus. C'est aujourd'hui un relief souterrain, renversé. Ce que l'on voit n'est que le sommet d'un iceberg enfoncé jusqu'au cou dans la croûte terrestre. Bien sûr, il y a eu des sursauts, de brusques poussées d'orgueil et de vaines contre-attaques mais le combat était vain, la montagne a fini par se sou-

mettre. Ne reste aujourd'hui que cette mâchoire aux dents usées encerclant dans son étau le Yeun Elez, pauvre mare aux castors, qui se souvient, lui aussi, avoir été océan en sa prime jeunesse. Certes, ces hauteurs sont aujourd'hui bien modestes, mais il y a des jours, je vous assure, où les monts d'Arrée paraissent bien plus hauts qu'ils en ont l'air. Et ces jours-là, ces jours où l'âme et le corps semblent manquer de souffle et d'allant, je les connais.

Alors, est-ce si important de savoir aujourd'hui si les monts d'Arrée sont une montagne ou non ? La question fait immanquablement rigoler nos amis basques ou savoyards. Non, ça ne les fait pas rire, en fait. Pire, ils se contentent d'envoyer un sourire chargé de condescendance vers ce qu'ils

Highlands

nomment notre taupinière et c'est à ce moment précis qu'on a envie de leur envoyer notre poing dans la figure à nos amis savoyards ou basques quand ils s'échangent des coups de coude malicieux devant le plus haut sommet de Bretagne. Lequel, d'ailleurs ? Bonne question. Longtemps le Tuchenn Gador — bizarrement traduit en français par « Signal de Toussaines » — fut considéré du haut de ses 385 m comme le pinacle de la région. Au grand dam des habitants de Botmeur, l'arrivée du GPS a récemment bouleversé la donne pour reconnaître aujourd'hui le Roc'h Ruz, « La Roche rouge », sur la paroisse de Plounéour-Ménez, vainqueur toutes catégories (385,01 m). Suivent dans ce peloton groupé le Tuchenn Gador (384,91 m), le Roc'h Trévézel (384,89 m), le Roc'h Trédudon (383,29 m sans bien

sûr compter l'antenne) et le mont Saint-Michel de Brasparts (380 m en faisant abstraction du clocher de la chapelle). Une arrivée au sprint, donc, mais il a fallu attendre le verdict de la photo-finish. En vérité, c'est le mont des Avaloirs, en Mayenne, qui avec ses 416 m domine tout le Massif armoricain mais la Mayenne, entre nous, honnêtement, la Mayenne, hein... ! Franchement...

Te souviens-tu, mon amour, de ce fracassant silence…

… de ce chaos si paisible.

Roc'h Cleguer.
(Brasparts)

Car il suffit de caresser la pierre, de tâter les grès et les quartzites, d'effriter entre ses doigts une ardoise de schiste, de suivre de l'œil la croupe sensuelle de la montagne Saint-Michel, de respirer le parfum sucré des ajoncs, de tremper ses lèvres à la source de l'Elorn, d'escalader le Trévézel par la face nord et de s'asseoir au sommet du Tréduden pour comprendre qu'on se trouve au seuil du paradis et renvoyer à jamais les Savoyards à leur fondue et les Basques à leurs frontons. Croyez-moi, elles se voient et elles se font désirer de loin, nos montagnes.

À peine ai-je monté la côte du Keff à Pencran qu'elles apparaissent à ma droite, sur une ligne bleu horizon, hautaines et mystérieuses. Idem quand on longe la RN 12 entre Landivisau et Morlaix. Au sud, c'est au sommet des Montagnes Noires, à Toul al Laeron sur les hauteurs de Gourin, qu'elles offrent tout entière leur face sud comme elles montreraient leur derrière baigné d'ocre lumière.

Mais il faut croire que le pays n'était pas un lieu très disputé par nos bons maîtres qui n'y ont vu nul intérêt stratégique car, contrairement à d'autres régions où sur la moindre butte pullulent donjons ou clochers, aucun seigneur n'a daigné bâtir ici sa tour pour mieux affirmer sa toute puissance. On trouve une motte féodale plutôt bien conservée au Beffou, en la commune de Loguivy-Plougras, il y a celle du camp d'Artus en forêt du Huelgoat mais c'est à peu près tout. Seules ont été érigées en hauteur la chapelle Saint-Michel, sans doute à l'emplacement d'un antique lieu de culte ainsi que l'antenne du Roc'h Trédudon, pour les besoins d'un autre rite païen des temps modernes. Aujourd'hui, quand l'œil balaie l'horizon depuis les crêtes, il ne se heurte qu'à quelques modestes clochers, deux ou trois châteaux d'eau, un alignement de pylônes électriques et des troupeaux d'éoliennes comme des potences tournant au sommet d'un étrange Golgotha.

Une montagne vieille de 300 millions d'années

Ici s'est échouée l'auge de pierre d'Herbot

Où commencent les monts d'Arrée, où s'achèvent-ils ? Aucune idée. Je veux dire aucune certitude géologique, aucune conviction administrativement correcte si ce n'est que le territoire regroupe sur un territoire de 192 000 hectares 24 communes, pour la plupart regroupées en deux communautés de communes à savoir celle du Yeun Elez et celle des monts d'Arrée. Cependant, il y a des portes à franchir avant d'entrer dans le royaume des Hautes Terres, des sésames à donner, et ces portes, et ces sésames, je les connais aussi. Alors si vous ne craigniez rien et si vous voulez bien vous donner la peine d'entrer, essuyez vos pieds sur le paillasson de bruyère et suivez-moi.

« Un lieu fort, un lieu où l'on se sent bien, même pour y faire le ménage » m'a dit cette dame qui balayait l'église.

La première de ces portes s'ouvre à l'ouest du massif, précisément à Rumengol en la commune du Faou, sur un ancien sanctuaire druidique que le bon roi Gradlon, inspiré par la Grâce, transfigura en église. Le sésame nous est donné au pied de la statue de Notre-Dame, celle qui nous enveloppe et nous protège sous son manteau de tendresse. Une fois dépassé le porche de l'église, la route se met à grimper vers la forêt du Cranou. Vous y êtes.

Au sud, les monts démarrent au pied de la chapelle Saint-Herbot, trêve de la commune de Plonévez-du-Faou mais paroisse des monts d'Arrée. Une fois vos offrandes faites au protecteur des bêtes à cornes, vous descendez les marches du porche et vous traversez une route sous laquelle passe une rivière souterraine avant de vous restaurer à l'auberge. Ici commence incontestablement les monts. Toujours au sud, une pierre scellée à l'entrée de la chapelle Sainte-Marguerite en Collorec et contre laquelle les femmes craignant la stérilité allaient se frotter le ventre ouvre aussi la route de l'Arrée en montant par Plouyé. Avant d'aller plus en avant, ayez la sagesse de vous restaurer au café *Ty Élise*, chez Byn, car longue et rude sera la route.

Photo Hervé Bellec

Les anciens gardent encore à leurs lèvres cet inimitable goût du rouge-lim' (Carnoët)

À l'ouest, vous sortez du village de Saint-Éloi puis vous prenez la route de Balanec où vous garez votre voiture ou votre bicyclette. Devant vous se dresse un chemin tire-jarret montant vers le Roc'h an Daol (298 m). Ici aussi démarre la montagne. Mais les gens de Sizun vous diront que tout cela ne sont que propos malveillants puisque selon eux, la seule porte d'entrée qui vaille est l'arc de triomphe qui ouvre leur enclos. Jaloux, les gens de Saint-Cadou disent que ce n'est qu'un vestibule.

À l'est, sur la commune de Carnoët (Côtes-d'Armor), il y a — il y avait — au village de Pontroël traversé par l'Aulne un bistrot qui s'appelle — qui s'appelait — *Au retour des Hirondelles* et c'est ici, exactement ici sur le seuil de granit usé par les sabots de générations d'as-

Brasparts : fifty shades of grey

soiffés que commence le royaume des hauteurs. À l'est encore, mais plus au sud, c'est le vieux pont de trois arches soutenu par deux éperons triangulaires de Pont-ar-Gorret en Locmaria-Berrien qui vous ouvre la route.

Au nord, plusieurs bornes marquent également l'entrée de l'Arrée : les deux menhirs au sud de la paroisse de Plourin, qui marquent également la ligne de partage des eaux entre la Manche et l'Atlantique, entre les rivières qui vont se jeter vers le nord, et celles qui descendent gonfler l'Aulne et le canal de Nantes à Brest, tout près de la butte de Goariva qui domine à 295 m. Non loin, l'humble chapelle de Kermeur, au sud de Plougonven, que nous reviendrons visiter bientôt. Toujours au nord, et bien que la pente gravisse depuis le bois

Commana, le plus haut clocher de la région (57 mètres)

de Coatlosquet, la fontaine des trois évêques, près de l'abbaye du Relec, qui départage également le Léon, la Cornouaille et le Trégor.

Comme deux buttes témoins, le Méné Bré (302 m) au nord-est et le Menez Hom (330 m) au sud-ouest, bien que n'appartenant pas à proprement parler aux monts d'Arrée, sont les vigies du massif.

En réalité, on s'en moque un peu des frontières puisque de toute façon, l'essentiel de la montagne gît sous nos pas. Le dragon assoupi ne montre que ses écailles. Un jour d'hiver, Gilles Pouliquen, photographe du village de Kernédic sis en Commana, qui connaît son pays mieux que quiconque, me l'a confessé de sa propre bouche alors qu'il remplissait mon verre à la table de Rose Gouez en Saint-Cadou : « Les monts d'Arrée n'ont que les limites que chacun veut bien leur donner. Les monts d'Arrée ne sont pas une géographie, ils sont d'abord une histoire et une culture. Ils ne répondent pas à des exigences de frontières. Les monts d'Arrée, c'est un peu où on veut et quand on veut. C'est une façon de vivre. À partir du moment où tu te sentiras perdu, dis-toi bien que tu y es arrivé ! ».

Voilà qui est dit.

LE CHANT DE LA PIERRE

Quand on voit, de plus près, non sans émotion,
Ce noir Marais, pays de désolation,
Où la mort plane, où rien ne peut vivre, où tout souffre,
On rêve de Sodome, et de sa mer de soufre ;
Et peut-être qu'au lieu d'arbres ensevelis,
C'est un peuple de morts qui dort là, sous ces plis.

Frédéric Le Guyader,
Poète né à Brasparts, 1847-1926

Il y a les pierres qui sont tombées du ciel et celles qui ont jailli du magma. Il y a les pierres qui ont engendré le chaos, celles qui sont nées du chaos et celles qui ne sont que l'écho du chaos. Il y a les rocs, les dalles, les blocs, les cailloux, la rocaille. Il y a les pierres qui roulent et celles qui se sont figées. Le nom de Scrignac, paroisse au nord-est du massif, vient du vieux breton *Skarena* qui signifie « lieu rocailleux ». Il y a le schiste, le granite, les quartzites du dévonien et les grès armoricains, les plus durs, les plus téméraires. Il y a les pierres sacrées, tapissées de 25 000 espèces recensées de lichens, parmi lesquelles la xantoria, champignon millénaire aux couleurs de l'or vieillissant. Il y a les pierres levées et les pierres couchées. Les pierres levées comme cette armée de saints bretons, nés de l'imagination de nos sculpteurs contemporains, qui se dressent depuis peu sur la colline de Saint-Gildas, non loin de Carnoët et dont on dit qu'elles se compteront bientôt par centaines. Il y a ces pierres avec lesquelles on a bâti l'église de Sizun, le portail de Plounéour, la fontaine de Kernevez, la pietà de Brasparts ou le calvaire de Kernon. Il y a les pierres qu'il a fallu creuser à la force des bras pour en faire des abreuvoirs ou des bénitiers, des pierres qu'il a fallu fendre comme des cœurs. Il y a les pierres qui parlent, qui gémissent, qui respirent, il suffit d'y coller une oreille pour s'en convaincre, et les pierres qui se taisent pour en avoir trop dit. Il y a en forêt du Huelgoat une roche qui tremble, de peur ou de froid, nul ne le sait au juste. Il y a ces pierres creusées en vasque au fond du chaos de Mardoul.

Lignolet de schiste à Goënidou

Cristel, à l'office du tourisme de Brasparts m'a assuré qu'il s'agissait d'auges à lin, mais que sait-elle des rites sacrificiels de nos ancêtres infidèles ? Il y a la pierre qui couvre les toits et celle qui dresse les murs et il y a cette énorme masse de pierre qui sommeille sous les sabots des bœufs et les semelles des errants. Quelque part se cache une pierre de lune mais il faut bien la chercher. De bon matin, Herbot s'en allait prêcher la parole du Christ sur les landes arides de Goënidou. Alors, comme répondant à l'appel du berger, accoururent en masse les hommes de Berrien venus pour entendre de sa bouche couler les saintes paroles. Mais les femmes ne l'entendirent pas de cette oreille et, lasses de se voir délaissées des hommes ensorcelés par les enseignements de ce pauvre fou, au point qu'ils en oubliaient d'ensemencer et leurs champs et leurs épouses, elles chassèrent l'ermite à coups de pierres. « Qu'à cela ne tienne ! lança dans sa juste fureur le bon saint Herbot, la paroisse de Berrien ne sera désormais plus qu'un champ de pierres. Maudites soyez-vous, femmes de peu de foi, Dieu lui-même, malgré sa toute puissance, ne pourra la désempierrer. »

Et la prophétie se réalisa, ce qui explique aujourd'hui la présence à Roc'hellec d'un rocher massif en forme de dôme au beau milieu d'un champ de maïs et d'un autre encore, surgi entre deux maisons, comme si le géant Conomor s'était trouvé un endroit discret pour chier. Ce qui nous envoie à un vieux dicton local qui affirme que trois choses sont impossibles à Dieu : *Compeza Braspartz, Diveina Berrien, Diradenna Plouye,* « aplanir Brasparts, ôter les pierres de Berrien, arracher les fougères de Plouyé ». Une variante populaire et salace ajoute un quatrième impossible défi pour le Tout-Puissant : députaniser Poullaouen, au motif que dans la dite paroisse, beaucoup de jeunes filles se retrouvaient engrossées bien avant de s'être inclinées devant l'autel. Reste à savoir si oui ou non, Poullaouen appartient aux monts d'Arrée ? Pas certain que ceux du Huelgoat ou de Plouyé soient d'accord !

An eured veign. *Pétrifiés pour l'éternité, tel est le châtiment de ceux qui désobéissent au Tout-Puissant.*

Même la roche a fini par se soumettre aux vents (Roc'h Trévézel)

Chaos de Mardoul, pierres sacrificielles ou auges à lin ?

La pierre est partout et la légende raconte l'histoire de chacune de ces pierres. Les pierres sont tombées du ciel comme des météorites : la Scorie, gros bloc isolé dans le bois de la Coudraie, et qui ressemble à une molaire cariée, la Roche tremblante, bien sûr, qui a bien failli disparaître à la fin du XIXe siècle sous la menace des carriers avides de matériaux. Évidemment, des géologues se croyant plus malins que les autres vous expliqueront que les chaos du Huelgoat sont la résultante d'une longue érosion des couches sédimentaires qui ont laissé apparaître des blocs de granit, carrément déchaussés des entrailles, eux-mêmes soumis à la pression des eaux et fissurés par un phénomène appelé diaclase, à l'origine de la forme ronde de ces

blocs, mais chacun sait ici que les pierres déchiquetées sont l'œuvre du Diable et que les pierres ouvragées sont celle de Dieu. La nature est la résultante de cette guerre fratricide.

Et il y a ces pierres taillées par la main de l'homme. En quantité cependant modeste, le pays possède aussi son lot de mégalithes et de vestiges préhistoriques en tous genres : dolmens, menhirs, alignements, cairns, allées couvertes, tumulus mais combien ont disparu, combien ont subi les assauts des entrepreneurs, combien ont été pillés, dynamités comme celui de Quillidec à Commana, combien ont été profanés par les coups de boutoirs des bulldozers du grand remembrement des années soixante-dix, de « la liquidation totale et du

Brennilis, Ti ar Boudiged, « *la maison des korrigans* »

Vierge à l'Enfant
(Landes du Cragou)

nivellement général », pour reprendre ici une chanson de Bernez Tangi, un poète des monts d'Arrée ; bien que d'aucun vous dirait que c'est pléonasme que de parler de poète des monts d'Arrée, étant entendu que les gens d'ici le sont tous un peu à leur manière, les bavards comme les taiseux.

Ni vu ni connu, un bon coup de Caterpillar et du passé faisons table rase. L'âge de bronze s'est plié devant l'âge de l'acier. Les ossements des ancêtres servent aujourd'hui d'amendement au maïs. Nul ne sait vraiment l'étendue des dégâts ou nul ne tient vraiment à le savoir. Fin du XIXe siècle, Paul du Chatelier avait dénombré 161 mégalithes. Restent encore debout, fiers comme les cariatides d'un temple grec, les deux menhirs au-dessus du village

de Kermeur, reste la grande pierre sacrée de Keranpeulven. Demeurent à Commana les allées du Mougau — *Al Lia Ven* — qui abritaient des géants et celle de la maison des Korrigans — *Ti ar Boudiged* — à Brennilis où se terraient des nains qui complotaient contre les dits géants. J'oubliais la Noce de Pierres — *An Eured Veign* — au pied du Roc'h Cléguer (306 m), un alignement de soixante-dix-sept mégalithes, la plupart aussi riquiquis que biscornus. De retour de ripaille, un cortège nuptial avait refusé de se découvrir devant un prêtre portant la sainte hostie et ce qui devait arriver arriva. Entendez bien, peuple des montagnes, et prenez-en acte afin que ceci vous serve de leçon, les noceurs furent sur-le-champ pétrifiés et ceci pour l'éternité.

Pierres païennes, pierres chrétiennes (Berrien)

Qui étaient donc ces redresseurs de pierres du néolithique ? Des bergers, des chasseurs, sans doute des paysans pour la plupart, peut-être quelques mineurs qui grattaient le sol pour déjà en extraire le plomb et l'argent du Huelgoat. Ils enterraient leurs morts sous des pyramides de rocailles et croyaient déjà aux forces de la Création. Trop pauvres pour laisser de réelles traces, et chassés des riches terres des plaines par des tribus plus puissantes, on ne sait que peu de choses sur leur existence. Ils ne nous ont laissé que des tessons de poterie, quelques pointes de silex, les débris d'un collier de coquillages et un poignard de bronze. Non, il n'y a pas eu ici de grande civilisation de bâtisseurs. De plus, ne nous est resté quasiment aucune trace d'occupation

Allée couverte du Mougau, un tombeau pour les géants (Commana)

humaine, depuis la chute de l'Empire romain jusqu'au Xe siècle, sinon la toponymie qui nous fredonne les noms de Rivoal, d'Herbot ou de Gwevred, saints guerriers et conquérants venus d'Outre-manche.

Depuis le temps de nos ancêtres celtes les Osismes, la pierre a servi d'amer pour le pèlerin, l'errant ou le voyageur. Elle a borné des routes. On en croise une à main droite sur celle qui va de La Feuillée à Berrien, une bien belle stèle taillée au cordeau, droite dans ses bottes, fière sur son socle, sans doute reconvertie en borne militaire par nos envahisseurs les Romains. Puis, une fois la parole du Christ répandue en Occident, les stèles ont tendu les bras pour se faire croix ou calvaire, et se sont dressées la plupart du temps à

Saint Edern et son cerf (Lannédern)

la croisée des chemins ou au centre des bourgs. C'est peut-être un peu difficile à admettre mais force est d'avouer que beaucoup de ces stèles et mégalithes ont été sauvés grâce aux curés qui, en chasse des cultes païens, avaient ordonné qu'on les coiffât d'une croix.

C'est alors qu'un peuple fabuleux né de la pierre est apparu et ne cesse de hanter les monts d'Arrée depuis que l'homme a su cogner le pic contre le granit. Et de ces hauteurs, ce peuple continue de nous observer, de nous épier, de nous moquer. À Sizun, les seins dodus d'une femme-serpent accrochée à l'angle de l'ossuaire ; Toujours à Sizun, la tête d'un homme barbu, surnommé ici le philosophe, toise de haut le passant et envoie ses ondes maléfiques au malheureux qui croise son regard ; à Lannédern, deux têtes de mort chacune soulignées par deux tibias entrecroisés et entourant un ange ailé ; à Brasparts, une funeste créature dotée de mamelles tombantes, de cornes et d'une queue de serpent, peut-être Morgane, déesse née des eaux dans lesquelles s'est noyé le fol amoureux ; à Locmélar, sur la crossette de rampant, un chevalier dégainant une épée prête à vous décapiter d'un seul geste ; à Lopérec, des gargouilles de chiens aboyant à la mort ; à Plouyé, un très

Photo Hervé Bellec

Una lacrima sul viso...
(Sizun. À gauche, Plouyé)

énigmatique bloc de granit coulé dans la façade d'un garage quelconque qui représente le torse d'une femme nue, une main nonchalemment posée sur son sexe ; à Botsorhel, sur la façade de l'église, un griffon traversant, par on ne se sait quel prodige, un pilier de part et d'autre ; à Lannédern, encore, saint Edern, ermite solitaire des temps obscurs chevauchant un cerf, qui n'est autre que le dieu Cernunos des Gaulois ; sur le calvaire de Plougonven, ce diable hideux tentant le Christ dans le désert ; au pied de celui de Brasparts, le regard vide et hypnotisant de ces trois femmes portant la dépouille de Jésus et toute la détresse du monde alors que ricane l'Ankou, maître de la patience et de la nuit, qui rode à chaque carrefour et derrière chaque talus.

Lannédern, les vivants et les morts se disputent l'enclos

Et la pierre s'est alors faite puissance et gloire. Les enclos de Sizun, de Commana et de Locmélar, trois paroisses du piémont qui se trouvent à la lisière des deux pays, Arrée et Léon, datent des XVIe et XVIIe siècles correspondant à l'apogée de la fabrication, du tissage et du commerce du lin, notamment vers l'Angleterre, véritable or bleu à l'origine d'une prospérité économique qui concerna toute la région jusqu'à ce que Colbert impose des barrières douanières. Chaque paroisse rivalisait d'orgueil. C'était à celui qui pissait le plus haut: le plus haut clocher (Commana, 57 m), le calvaire le plus massif (Plougonven), la bannière la plus riche. À ce jeu, les paroisses plus pauvres du pays d'En-haut ne pouvaient rivaliser, sinon peut-être Plounéour-Ménez qui s'enorgueillit de posséder une porte monumentale taillée dans un lourd granit extrait d'une carrière voisine. Mais la plupart des églises sont des ouvrages plus modestes, ce qui ne signifie pas qu'elles n'auraient pas droit à nos justes faveurs.

Il faut savoir s'arrêter à celle de Saint-Rivoal, par exemple, qui domine la montagne au milieu de son champ de pierres tombales, à l'ombre d'un calvaire taillé dans la kersantite. Chantée jadis par Anatole Le Braz qui parlait d'humbles aisances, plus tard par Xavier Grall qui trouva porte close, l'église de Saint-Rivoal est une maison bleue adossée à la colline. Une maison de schiste bleu. Jour de chance, voilà qu'elle m'est ouverte aujourd'hui pour la première fois. Murs blancs, mobiliers modestes, aucun vitrail ouvragé, une cinquantaine de chaises empaillées, un peu de dorures sur l'autel mais nul besoin d'en mettre plein la vue à la face des mortels, nul besoin de se mesurer avec les caïds du pays d'En-bas, les fameux *Juloded* du Léon qui étalaient

Je lui dirai les pierres bleues…

Huelgoat

Youenn de Chez Youenn,
taillés dans le même roc

leur orgueil à coup de retables foisonnants et de lourdes bannières défiant les vents d'ouest. Le lin et la toile les avaient faits riches. Ils se sont construits des maisons pour mille ans, avec des cheminées assez vastes pour y rôtir deux bœufs entiers, des « maisons anglaises » baptisées ainsi parce que l'argent venait du commerce avec l'outre-Manche, des *maisons-miroirs*, des palais de paysans-rois, dans lesquels se reflétait leur gloire ou du moins leur réussite sociale, à deux marches de l'inaccessible noblesse. Aujourd'hui, beaucoup de ces demeures, qu'on croise ici et là en battant la campagne du côté de Plounéour-Ménez, ont subi les outrages du

La pietà de Brasparts.
« Vous qui passez, voyez s'il est une douleur semblable à la nôtre. »

temps et les *Juloded* se sont vus voler leur place par quelques teigneux rêveurs qui n'ont pas craint de retrousser leurs manches pour restaurer des toitures éventrées et redresser des murs brinquebalants. Mais revenons à Saint-Rivoal. Menaçant ruine au XIXe siècle, l'église fut reconstruite grâce à la souscription des paroissiens. Dieu m'est témoin que ce jour-là lorsque je me suis assis sur l'une des chaises, un je-ne-sais-quoi d'apaisant, un souffle de grâce m'a caressé la nuque.

Ar men glaz, *ce schiste qui a forgé tout un pays*

Les monts d'Arrée sont surtout le pays de la pierre bleue, *ar men glaz*. Même l'école de Sizun a été baptisée ainsi : École de la Pierre Bleue. Jusqu'aux années soixante, on a exploité le schiste pour couvrir les toits, élever des murs, tailler des linteaux, des dalles et des cloisons séparant l'endroit où dormaient les hommes de celui où ruminaient les vaches. C'est surtout à partir du milieu du XIXe siècle que sont exploitées de manière rationnelle les carrières de Commana, de Saint-Cadou ou de Plounéour-Ménez. Vers 1950, la rude concurrence des ardoisières de Trélazé, près d'Angers, annonce le déclin. Ne subsiste aujourd'hui qu'une seule entreprise mais la carrière du Mougau a été rouverte en 2011 pour la réfection de la toiture de l'église

de Sizun. Montant vers la route de Botmeur, on aperçoit à main gauche, au pied du Roc'h Bichourel, les terrils d'un temps passé. Quelques antiques cabanes d'ardoisiers sont restées encore debout, l'eau a inondé les mines mais l'ardoise reste vivante. J'entends encore Youenn Morvan, de Brasparts, m'expliquer la gorge nouée que l'une des plus belles choses qui soient au monde est d'entendre la chanson de la feuille de schiste au moment où on la fend et de voir apparaître la couleur orangée de son ventre qui peu à peu s'altère au contact de l'air.

Ancienne carrière à Saint-Cadou

Le ménage de la Vierge (Huelgoat)

Un mot, bien sûr, sur les mines de plomb argentifère exploitées au Huelgoat, à Locmaria-Berrien et à Poullaouen, ceci depuis l'âge du bronze. La Compagnie des Mines de Basse-Bretagne, créée en 1732, est à l'origine d'une exploitation à grande échelle puisqu'elle devient la plus grande mine du royaume. Les cadres, ingénieurs et techniciens, viennent pour la plupart du Royaume-Uni ou d'Allemagne, ce qui explique l'implantation protestante dans la région, et les ouvriers — on en a compté jusqu'à 1 700 à la fin du XVIIIe siècle — sont des paysans pauvres recrutés dans les environs. Ils sont mineurs, charbonniers, elles sont laveuses. Les conditions de travail sont infernales. *Les hommes languissent décolorés, attaqués du plomb*, écrit Cambry en 1794, date d'une révolte particulièrement

violente qui connut son épilogue par la nationalisation de l'entreprise. En un siècle et demi d'activité, 65 000 tonnes de plomb et 100 tonnes d'argent sont arrachées aux entrailles de la Terre. Après plusieurs tentatives de reprise, les mines ferment définitivement en 1934. Ne subsistent aujourd'hui que des noms de lieux : La Mine, La Fonderie, la Molette... Des vestiges perdus dans la forêt — entrée de galerie, laverie, roue hydraulique... — et un merveilleux petit canal qu'on suit depuis le bourg du Huelgoat. Ne chantent désormais que les oiseaux là où retentissaient jadis le bruit infernal des machines et les ordres des contremaîtres. Une association de bénévoles, l'ASAM, Association de Sauvegarde de l'Ancienne Mine, travaille à la sauvegarde du site.

Huelgoat, une stèle pour celui qui a tant chanté les Stèles

(À droite) Des barges de pierres échouées au cimetière de Berrien

Enfin, il est une pierre isolée en forêt du Huelgoat, au-dessus du gouffre où un cavalier noir à la solde de Dahut, funeste princesse de la ville d'Ys, précipitait ses amants d'une nuit. Mais c'est également ici que tant d'amoureux se sont depuis échangés serments et baisers ardents, et que tant de mères ont tremblé pour leurs enfants. Au-delà du gouffre, il suffit d'emprunter un sentier plutôt casse-gueule pour se trouver nez à nez avec une stèle un peu rugueuse dédiée au plus chinois des Brestois, Victor Segalen, médecin, militaire, poète, dramaturge, diplomate, romancier, ethnologue qui courut le monde comme chien tourne après sa queue sans jamais réussir à l'attraper. Segalen avait coutume de prendre quelques jours de vacances à l'hôtel d'Angleterre au Huelgoat dont il appréciait le calme et la profondeur de cette forêt où Paul Sérusier a posé tant de fois son chevalet. Huelgoat était à l'époque une station prisée par les touristes cultivés et fortunés. Le 21 mai 1919, sa femme découvrit parmi les bruyères et les myrtilles, dans une mare de sang, son corps inerte, la jambe tailladée par une profonde blessure. Un exemplaire de *Hamlet* de Shakespeare gisait à ses pieds. Cinq ans auparavant, Segalen avait écrit dans *Stèles*, son premier recueil publié en Chine en 1912, ce poème prémonitoire et glaçant :

Face à face avec la profondeur, l'homme, front penché, se recueille.
Que voit-il au fond du trou caverneux ? La nuit sous la terre, l'Empire d'ombre.

Selon sa volonté, Segalen fut enterré là où la mort le surprendrait. J'erre dans le petit cimetière en haut du bourg. J'interpelle une gentille dame en rouge avec son chien. Elle me dit : vous tombez bien, c'est la tombe voisine de celle de mes beaux-parents ! Et m'accompagne. Une simple dalle de granit brut posée à même le sol nous apprend que gisent ici Victor Segalen (1878-1919) ainsi que sa femme Yvonne et son fils Yvon. Huelgoat est un bel endroit pour jouir de l'éternité. Tous les résidents du cimetière me l'ont confirmé.

Et puisque nos propos évoquent maintenant l'Éternité, je voudrais aussi parler de ces étranges dalles disparates qu'on trouve pêle-mêle dans le cimetière de Berrien, perdues au milieu des tombes plus récentes, policées et alignées, et qui semblent vouloir s'enfoncer dans la terre pour se faire oublier à jamais. J'en compte environ quatre-vingts de ces pierres, quasiment de même taille et même forme, sans doute de la même époque, tantôt de schiste et tantôt de granit.

Une autre dame, venue elle aussi nettoyer la tombe de son défunt mari, m'apprend que quatre sources jaillissent sous le cimetière, ce qui expliquerait l'enfouissement partiel de ces dalles mais je n'en saurais pas plus. C'est dimanche, la mairie est fermée, le curé officie dans une autre paroisse, la barmaid du bistrot d'en face me fait de gros yeux ronds quand je l'interroge et je quitte Berrien dépité de pas avoir percé son lourd secret.

LE CHANT DES PISTES

Tap da sac'h 'ta, breur kozh
« Prends ton sac, vieux frère »
Youenn Gwernig

Au commencement était le mulot qui fuyait le rat, le rat qui fuyait le chat, le chat qui fuyait le chien qui fuyait le loup qui fuyait le cerf qui fuyait l'ours. Au commencement était le loup qui coursait la hyène, la hyène qui coursait l'agneau, l'agneau qui cherchait sa mère, sa mère qui cherchait à boire. C'est ainsi que se sont creusés les chemins, ceux qui suivaient les crêtes pour mieux dominer le territoire, ceux qui empruntaient la pénombre des ruisseaux pour mieux s'y dissimuler. Les bêtes sauvages y laissaient leurs empreintes, les ours écrasaient les herbes, les lynx grattaient la terre et dénudaient les roches. Les loups pissaient au milieu de la sente ouverte pour mieux éclairer la meute et les lièvres y abandonnaient leurs crottes de misère. Les agneaux reniflaient l'odeur de leur peur. Les cerfs laissaient derrière eux les terribles effluves de leur rut. Par dizaines, par centaines, des aurochs dévalaient la colline, suivis par un train de poussières. Et l'herbe ne repoussait jamais plus et c'est ainsi que se sont créés les chemins des monts d'Arrée que l'on parcoure aujourd'hui. Puis l'homme est apparu, qui chassa le loup, le rat, la hyène, l'ours et l'agneau en suivant les pistes des créatures de Noé qui descendaient à la source ou grimpaient vers la colline.

Sans doute les Romains furent les premiers à ouvrir ce qu'on va appeler désormais des voies romaines encore que beaucoup d'entre elles sont antérieures à l'occupation romaine mais de fait, la mémoire collective a souvent retenu par simplification des tracés anciens comme tels.

Kroaz-Pulviny :
borne osisme ou romaine ?

La voie reliant Vorgium (Carhaix) à Gésocribate — que l'on situe généralement à Brest — traversait les monts d'Arrée à en croire cette stèle dressée sur la route entre La Feuillée et Berrien, au lieu-dit Kroaz-Pulviny, mais il peut s'agir aussi bien d'une stèle osisme reconvertie par les Romains en borne militaire, ces mêmes Osismes qui bâtirent le camp d'Artus du Huelgoat contre l'envahisseur latin auprès desquels ils durent se soumettre et verser tribut suite à la défaite de leurs alliés les Vénètes et la reddition des armées gauloises à Alésia. Histoire connue. Ce tracé a conservé à Berrien le nom de voie romaine mais plus loin, sur les hauteurs, les habitants l'ont baptisé *Hent Dukez Anna*, « le chemin de la duchesse Anne », avant qu'il ne devienne *Hent Ahès* à Plounéour-Ménez, c'est-à-dire « le chemin d'Ahès », Ahès dite aussi Dahut, précédemment citée, la fille maudite du roi Gradlon, magicienne de la mer, souveraine d'Ys, dévoreuse d'amour, mais ni l'histoire ni la légende ne nous renseigne sur les raisons et les passions qui l'ont conduite jusqu'ici.

La garenne Poulriou
à la Feuillée

Puis les chemins se sont creusés lentement, ravinés par la pluie, écrasés sous le poids des bestiaux qui regagnaient l'étable ou s'en allaient paître ; et les sabots de tant de troupeaux sont passés que le chemin s'est fait tunnel, coiffé d'une voûte de hêtres et de genêts. Des garennes, ainsi les appelle-t-on ici. *Garenn Poulfranc*, à la Feuillée, ou *Garenn Poulriou*, par exemple. Difficilement praticables en hiver, délicieusement fraîches en été. Il semble que le réseau ait davantage été conçu pour les besoins de l'élevage et de l'agriculture que pour le confort des hommes. Et aujourd'hui encore, c'est plus la trace des tracteurs que celle des humains qui s'imprime dans la boue. Je parle de ces chemins dits d'exploitation où, entre deux sillons de terre et de graviers,

Chausse tes godillots et va courir le monde ! Il t'appartient ! Tro Menez Are.

pousse une ligne droite de gazon dru sur lequel aiment se poser les semelles, fussent-elles de vent, du randonneur aux pieds d'argile.

Toujours est-il que dans les siècles qui ont suivi cette occupation romaine, aucun des grands axes n'a traversé les monts d'Arrée. En 1794, Cambry visite la Bretagne et nous en laisse un souvenir peu ravigotant : *La route de Carhaix à Morlaix est longue, ennuyeuse et fatigante ; elle est pavée de rochers aigus, que le vent et l'orage ont découverts. Rien de plus sec, de plus aride ; c'est un désert plus triste que ceux de l'Afrique et de l'Arabie : il n'offre à l'œil aucun paysage, aucun aspect, sur lequel il puisse s'arrêter. Le botaniste y chercherait en vain des plantes ; le naturaliste n'y verrait qu'une espèce de gros granit, sans la moindre variété ; l'homme altéré n'y trouverait pas un ruisseau. Malheur au voyageur dont l'essieu se briserait dans cette affreuse solitude !*

La pauvreté, l'isolement mais aussi les supplications des populations des montagnes finissent par inquiéter les autorités. La plupart des sentiers sont impraticables l'hiver, les loups rodent, les voleurs de grands chemins également. *On assassine pour un bout de pain sans que jamais on soupçonne l'auteur du vol ou du meurtre. Ce serait un vrai hasard de trouver un témoin*, écrit le percepteur Jean-François Brousmiche en 1830. Enfin, de nouvelles routes sont tracées et ouvertes à la circulation des hommes et des attelages, notamment celle qui serpente au pied de la chapelle Saint-Michel. Les travaux sont achevés en 1844, toujours dans le but d'ouvrir la région et de venir en aide à une population miséreuse et par là même dangereuse. De cette époque date l'auberge *Ti Sant Mikael*, sur les rives du marais, au pied du mont, qui fut longtemps la seule halte possible entre Plounéour-Ménez et Brasparts, et qui porte la date de 1929. Les plus anciens d'entre nous se souviennent de cet étrange établissement qui, il y a encore quelques années, servait des crêpes qu'on eût crues cuites au feu de tourbe et un calva plus âpre que la pisse d'un démon.

« Steppe et sierra…

… broussailles rases et roche éboulée » (Yves Le Gallo)

Locmaria-Berrien,
une gare sans train…
comme un avion sans ailes…

Deuxième moitié du XIXe siècle, le chemin de fer prend son essor et désenclave en partie les régions les plus reculées, du moins était-ce là la raison première. Un rapport préfectoral n'hésite pas à avancer que le chemin de fer serait plus efficace qu'une armée d'instituteurs pour faire disparaître la langue bretonne. En 1891 est ouverte la ligne Carhaix-Morlaix. 49 km de rails faisant halte aux gares de Locmaria-Berrien ou de Scrignac, là où Félix Faure, président de la République française, s'il vous plaît, descend trois minutes lors du voyage inaugural, ou encore celles de Kermeur et Coatélan en Plougonven. Ces gares sont encore visibles et en bon état. Abandonnée en 1967, la ligne a été reconvertie en voie verte pour les promeneurs et les

Au bout du chemin, l'entrée des ténèbres. Degemer mat !

cyclistes. Plus à l'ouest, une autre ligne, effective de 1912 à 1934, relie à la vitesse moyenne de 30 km/h Plouescat à Rosporden et desservait Brasparts et Loqueffret. C'est cette ligne qui traverse les pentes les plus abruptes des monts et des témoignages attestent que les voyageurs sont, à certains endroits, obligés de descendre du train pour pousser les trois wagons qui transportent pêle-mêle voyageurs, bestiaux, ardoises ou pommes de terre d'où son surnom de « train-patate ». C'est à Sizun qu'on puise dans l'Elorn l'eau nécessaire à la machine à vapeur. Arrive le règne des camions, des automobiles et... des chasse-neige, à en croire les images filmées lors du terrible hiver 1952 par Jean Le Guillou, photographe à Châteaulin.

Aujourd'hui, il n'y a plus qu'un seul poteau de feux tricolores dans cette partie habitée du monde et il se trouve à Plounéour-Ménez exactement, face au bar-tabac-presse-jeux *Le Bounty*, à l'intersection des routes de Morlaix, du Cloître-Saint-Thégonnec et de Loc-Eguiner-Saint-Thégonnec — oui, je sais, les noms de certaines communes sont longs comme des jours sans pain — preuve que le trafic routier reste bien modeste, même en période estivale. Grosso-modo, deux principaux axes bitumés découpent les monts.

La D.764 qui va de Carhaix à Landerneau selon un sens ESE-NNO, qui suit peu ou prou l'antique itinéraire romain de Vorgium à Tolente, et la D.785 qui du nord au sud, de Morlaix à Brasparts, coupe en deux la montagne, ces deux axes se croisant au pied du Roc'h Trévézel, non loin, on s'en souvient, d'où s'était garée ma 4L au temps de ma jeunesse, au rond-point qui constitue désormais la clé de voûte du pays.

Les monts d'Arrée sont pour les uns des terres d'errance et de solitude, pour les autres un terrain de sport et de loisirs. Les cyclistes, qu'ils soient vététistes ou cyclotouristes, adorent patauger dans la boue. Pas moins de 5 000 participants pour la course des Roc'h des monts d'Arrée en septembre 2012 et rares sont les courses régionales par étapes qui ne proposent pas au menu la rude montée vers le col Ode Vras. Les chevaux s'y sentent comme des coqs en pâte. Rien d'étonnant, il n'y a que l'embarras du choix pour quiconque souhaite s'offrir une randonnée équestre. Les ânes, quant à eux, accompagnent cahin-caha la petite famille au grand complet sur le tracé de l'ancienne voie ferrée en égrenant le sentier de leurs petits crottins comme des notes de musique le long d'une portée. Et me croirez-vous, amis savoyards, si je vous dis que les mordus des jeux d'hiver sortent ici leur luge ou leurs skis dès que les premières neiges ont tapissé les pentes du Tuchenn Gador ?

Soyons francs, je ne suis ni cycliste, ni skieur, ni cavalier, j'ai bien trop peur de me briser les os contre une arête de schiste. Mais pour le marcheur que je suis, celui qui aime mettre un pied devant l'autre et recommencer, celui qui aime louvoyer, baguenauder, flâner, lambiner, lanterner ou même courir, grimper, suer, souffler, crapahuter, en un mot pour celui qui n'aime pas flâner sur les grands boulevards, les monts d'Arrée offrent une quantité innombrable de circuits parfaitement balisés, de chemins creux, silencieux et secrets, de sentes ombragées idéales pour s'égarer et de pentes rocailleuses idéales pour se niquer les chevilles. Il n'y a qu'à suivre les flèches. Les bons offices — le *saint office*, devrais-je dire — de la FRPP nous ont concocté un réseau aussi dense que la toile du web et à Botmeur, l'association ADDES propose une bonne partie de l'année des randonnées au lever du jour ou au clair de lune, des balades contées et des itinéraires hors-piste. Merci à eux.

Commençons par la plus longue des randonnées, qui n'est peut-être pas la plus spectaculaire mais qui reste une superbe entrée en matière. Une sacrée trotte, cependant. Le GR 380 fait une boucle de 228 km autour du massif, sous la bénédiction de Pol, de Corentin et de Tugdual, patrons fondateurs

Comme dans un tableau de Paul Sérusier...

des évêchés de Léon, de Cornouaille et de Trégor. Il passe par Morlaix, Guerlesquin, Huelgoat, Sizun, Landivisiau, Plounéour-Ménez et par une quantité de petits villages endormis que l'on traverse à pas de loup, des villages au nom qui trébuchent comme monnaie sonnante. Kermabilou, Quilliouguès, Keranpeulven, Luzugenter... Il serpente entre landes et bocages, se faufile dans de sombres vallées. Il effleure l'abbaye du Relec, s'incline sous le regard des calvaires de Saint-Thégonnec, de Guimiliau et de Lampaul-Guimiliau, passe sous l'arc de Triomphe de Sizun. Il suit l'Elorn, trempe les pieds dans le lac du Drennec et monte vers Saint-Cadou et Saint-Rivoal, frôle la Noce de Pierres et laisse à sa gauche le Roc'h Cleguer (317 m). Il enjambe aussi le Queffleuth,

Dès que tu te sens perdu...

... tu es arrivé.

Le Mardoul à Loqueffret

la Penzé, l'Elez, le Squiriou et d'innombrables petits ruisseaux que l'on peut franchir sur une simple dalle de schiste posée d'une rive à l'autre. L'eau y fredonne sa chanson douce. À partir de la gare de Loqueffret, le GR remonte vers le nord pour faire sa jonction avec le GR 37 avant de traverser les forêts domaniales du Huelgoat et de Sainte-Amboise. Entre Scrignac et Lannéanou, il traverse les mystérieuses landes de Menez-Vergam et plus haut, celles du Blévara, plus secrètes encore. Vous revenez en Trégor via Botsorhel pour rejoindre enfin Morlaix après une bonne dizaine de jours de marche pour celui qui ne reste pas trop musarder. Voilà, vous êtes fourbus, exténués, meurtris, quasiment dégoûtés des monts d'Arrée pour le restant de vos jours. Vos pieds

Qu'importe la monture
pourvu qu'on ait l'ivresse !

sont constellés d'ampoules, vos genoux vous font souffrir le martyre mais vous vous souviendrez longtemps que le deuxième jour, vous avez croisé sur votre chemin, au creux d'un bois, un écureuil bondissant d'une branche à l'autre, le lendemain une biche disparaissant dans les fourrés puis un troupeau de pie noirs dans un pré de Balanec vous fixant avec toute la tendresse du monde; et peut-être, pour les plus chanceux, vous sont apparus comme dans un songe les seins de deux naïades à moitié nues se lavant les pieds dans l'étang du Guic et ces images chapardées, soyez certains que personne au monde ne pourra plus jamais vous les reprendre.

Le circuit du Yeun Elez — circuit de randonnée communautaire regroupant huit communes — fait 110 km de long et peut se réaliser en trois ou quatre jours pour un marcheur averti. Grosso-modo, ce circuit tourne autour du lac de Brennilis et flirte davantage avec les hauteurs. Vous partez de Saint-Rivoal, par exemple, vous descendez plein sud par le GR 380 avant d'emprunter le 37 aux marges de la forêt du Cranou. De Lopérec, direction Loqueffret via Brasparts. Paysages agricoles, collines arrondies, marche pépère.

Botmeur, en breton Boneur. *Deux lumières au crépuscule. Un bonheur n'arrive jamais seul.*

Ça se corse dès qu'on remonte vers le nord en passant devant le Menez Du (293 m) et le hameau de Ploenez, qui fut jadis la paroisse-mère des monts d'Arrée, pour arriver à La Feuillée, « plus haut village de Bretagne », nous proclame fièrement la pancarte à l'entrée du bourg. Plus tard, le chemin serpente tantôt vers le nord, tantôt vers le sud. On retrouve à Nestavel le lac de Brennilis puis on s'enfonce dans les tourbières du Vennec et du Libist, avant de grimper à nouveau à partir de la Croix-Cassée pour se payer l'ascension du Tuchenn Gador et de la montagne Saint-Michel, apogée de la randonnée, bien sûr. Retour en pente douce à Saint-Rivoal.

Dans toutes ces communes ou presque, vous trouverez un bistrot, une crêperie, une épicerie, parfois même un bon petit restaurant. Chambres d'hôtes ou gîtes d'étape constellent le chemin comme ports dans la tempête. Bien sûr, il m'est arrivé de me casser le nez contre porte close ; ici aussi les estaminets de campagne ont dû tirer leur révérence faute de clients ou de repreneurs, ce sont les aléas du voyage, mais croyez-moi, une bonne bière avalée chez Patrice au bar-épicerie le *Yeun Elez* au bourg de Botmeur au final d'une virée de trente bornes ou alors, devant une complète œuf miroir bien fournie à la crêperie de La Feuillée vaut ce que vaut une prière prononcée à Jérusalem, c'est-à-dire sept fois sa valeur.

Le Saint Hubert *à Saint-Cadou non loin de Saint-Eloy. Amis, à quel saint vous vouerez-vous ?*

Il existe également tout un choix de balades plus modestes, de circuits d'une demi-journée ou d'une journée, voire de quelques heures, disons entre 5 et 15 km. Le circuit de la Pierre bleue, à Commana, par exemple, joli parcours qui part de l'allée couverte du Mougau Bihan, ou bien celui des Carrières, à Saint-Cadou, cité plus haut, qui passe devant les vieilles ardoisières, ou encore le circuit des Roc'hs, au départ de Plounéour-Ménez, celui qui d'un pic à l'autre sautille sur le toit de la Bretagne : Trévézel, Roc'h Ruz, Trédudon. Trois bonnes balades, trois cerises sur un énorme gâteau.

Ne dédaignons pas les promenades en famille, comme on dit, à pas comptés, clopinant d'un virage à sept petits kilomètres un dimanche après-

Canonique ! (Domaine de Menez Meur, Hanvec)

midi autour de Roc'h an Daol (298 m) sur la commune de Saint-Eloy, parmi les fougères et les ajoncs. Non loin, le circuit des paysages autour du domaine de Menez Meur culminant à 321 m au Roc'h Glujau, pour voir les aurochs, les gentils marcassins et, derrière leurs grilles, les méchants vrais loups du domaine animalier devant lesquels vos enfants tremblent et cessent enfin de s'impatienter pour l'heure du goûter. Ce domaine a été aménagé à la fin du XIXe par un ancien chercheur d'or revenant de Californie, un utopiste nommé Julien Prioux, enterré au cimetière d'Hanvec, qui voulait faire de ce territoire une ferme modèle pour les temps futurs. Quant à la forêt du Huelgoat, dix mille, cent mille chemins y fourmillent en tous sens et autant de

Ombre et lumière, yin et yang
(Huelgoat)

sortilèges vous attendent. Excellent endroit pour y abandonner une fois pour toutes les enfants précédemment cités s'ils continuent de pigner de la sorte à moins que les loups ne les aient déjà dévorés tout cru.

Pour les amoureux, je voudrais leur donner par moments l'illusion que tous les chemins ont été tracés, consciemment ou non, pour qu'ils se tiennent la main, que tous les ponts ont été bâtis pour qu'ils puissent voir le reflet de leur désir sur l'onde des rivières. Amoureux de la vie, de la nature, amoureux de l'amour. Jeunes impatients ou vieux couples paisibles, amants maudits ou partisans de l'éphémère, sachez qu'un baiser échangé au sommet du Tuchenn Gador a mille fois plus de saveur que dans le plat pays. Mes semelles n'ont hélas pas encore foulé chaque sentier des monts d'Arrée. Il me faudrait dix vies pour en venir à bout, que dis-je ?

Chemin de travers...

Cent vies. Hier encore, Juan l'Argentin me parlait de ce champ de Korrigans et Marie-France, précédemment citée, de ces grottes creusées dans le grès au-dessus de Commana. De tous ces chemins parcourus, aucun ne m'a à ce jour déçu. Certes, j'ai maudit les pentes parfois trop rudes, les cailloux blessant la cheville et les ornières gorgées d'eau m'obligeant à contourner ma trajectoire en affrontant un taillis peuplé de ronces carnivores. Je me suis parfois assis au bord du découragement sur un talus avec la ferme intention d'y rester jusqu'à ce que l'Ankou vienne enfin m'offrir la délivrance suprême et combien de fois me suis-je égaré dans la lande en insultant le nom du Sauveur ainsi que les auteurs des cartes au 1: 25 000.

... chemin de traverse

Combien de fois, je n'ose le dire, ai-je traîné mes mélancolies, seul, malheureux comme la pierre, le cœur plus lourd qu'un round-baller, psalmodiant face au vent d'est le prénom d'une femme qui ne voulait pas m'accompagner, sans doute de peur de souiller ses jolis souliers mais toujours j'ai repris espoir et suis arrivé vaille que vaille à bon port. Le lendemain, j'étais à nouveau d'attaque, prêt à me la bouffer, cette maudite montagne. Ah, si je m'écoutais, je vous parlerais volontiers de cette éprouvante montée vers la roche Saint-Barnabé (290 m) avec la fille d'un paysan de Plouyé qui voulut se reposer un instant à mes côtés sur un matelas d'herbe tendre caché derrière un buisson de genêts et qui profita de l'occasion pour

Tro Menez Are,
(Guerlesquin 2012)

m'offrir toute la sensualité qui se dégageait de son corps en sueur. Mais je m'égare, je m'égare une fois de plus, piégé par de nouveaux sortilèges. Les monts d'Arrée sont terres de mélancolie et de contemplation ; certaines âmes bien intentionnées parleraient de lieu idéal, propice à la méditation, à l'ascèse, au renoncement, d'accord, d'accord et pourquoi pas. Mais si Dieu veut bien me l'accorder, et maintenant que les enfants perdus en pleine forêt du Huelgoat ne peuvent plus entendre, osons dire qu'on peut dessiner à l'ombre des versants ou contre la courbe des rochers de bien jolies cartes du tendre. Passons.

Reste la grand-messe annuelle, la Mecque de la randonnée, le fameux *Tro Menez Are*, désormais incontournable rendez-vous de tout porteur de godillots digne de ce nom. En 1989, sous l'impulsion de l'association des parents d'élèves de l'école Diwan de Commana, est organisée une simple petite balade collective pour récolter quelques fonds, une marche sans prétention, sans compétition, bien sûr, inspirée par ce qui se faisait en Autriche ou en Allemagne. 450 personnes se sont inscrites pour ce premier rassemblement populaire et familial en ce jeudi de l'Ascension.

Crossroads (Roc'h Trévézel)

Casse-croûte le midi au bord du talus, fest-noz le soir sur la place du village. L'année suivante, ils récidivent au même endroit : 650 personnes. Puis ils décident de changer de commune chaque année et de proposer ainsi un nouveau circuit. Le cap des 3 000 participants est franchi en 1995 au Cloître-Saint-Thégonnec, une paroisse de 600 âmes, 5 000 pour le dixième anniversaire encore à Commana, 8 000 en 2005 à Saint-Thégonnec, etc, etc. En mai 2012, calepin à la main, je me lance à nouveau dans l'aventure et j'écris ceci :

Guerlesquin, 24e Tro Menez Are, j'opte pour le Tro Velen, circuit de 41 km pour « randonneurs confirmés ». Départ de l'hippodrome vers 8 h 30. Temps gris,

Tour du lac de
St Michel 25 Kms
Ménez-Kador 3 Kms
Circuit de St Michel
de Brasparts 3 Kms

vent froid, putain de mois de mai. Je pars en solitaire, d'ailleurs je marcherai toute la journée ainsi. Il suffit de suivre les rubans de couleur jaune accrochés aux arbres pour trouver son chemin. Le circuit passe en Côtes-d'Armor, commune de Plougras, partie intégrante des monts, me confirmera plus tard un paysan du coin. Des hameaux silencieux comme Skar Yar, des vieilles pierres, quelquefois des ruines, des moulins perdus, des chemins inondés, des prairies tachetées de bleu, de blanc et de jaune. Sur les hauteurs (Roc'h C'hlaz selon le même paysan, ou Roc'h ar C'hi selon la carte, 314 m), dans un bruit de rame de métro, huit éoliennes découpent l'air en grosses tranches. Généreux panorama sur les crêtes. Ravitaillement au 13e kilomètre

sous une grange du village de Kergrec'h. Bel accueil. Café chaud et far breton. Les paysans nous toisent avec un rien d'ironie. Pour eux, la campagne, c'est leur usine, pour nous une cour de récréation. Je discute le bout de gras. Peu de monde sur le grand circuit, ce sont surtout des forcenés, adeptes du trail, qui courent plus qu'ils ne marchent, et qui donc me doublent en haletant.

Aucun problème particulier concernant mes muscles et mes articulations. Toujours aucune rencontre, les gens ne sont pas venus sur ce circuit pour causer mais pour souffrir. Je regrette parfois de ne pas avoir choisi un circuit plus court pour mieux sonder l'événement. s'ouvrent les landes de Blevara (253 m, vingt espèces végétales protégées, rares ou menacées, sources du Douron

Ce dragon allongé dont on devine ici les écailles est-il vraiment assoupi ?

Tourbière, tourbière, prends garde à ta bruyère !

et du Guic). On suit ici et là le GR 380. Petite fatigue en arrivant à Lannéanou. Deuxième ravitaillement dans une salle municipale un peu tristounette mais les gens sont aimables. Deux sandwichs et un café. Arrivée du soleil. Je reprends mon sac. Château de Keruscar ouvert pour l'occasion. Une chapelle. Deux couples qui déjeunent dans la cour me souhaitent la bienvenue et m'indiquent le chemin à suivre sans toutefois me proposer un verre de la bouteille de rosé qu'ils s'apprêtent à servir. Une pause à la chapelle Christ devant un penn-ty aux volets clos. Statues amusantes de la Vierge et de Saint Jean. Plus loin, Quélennec, un village abandonné. C'est après que se rejoignent les autres circuits et la densité de marcheurs se multiplie soudain par dix, par *vingt, la plupart en groupes marchant de front, moyennant quoi on est obligé de se traîner derrière. Dernier point de ravitaillement au 36e kilomètre. Arrivé à 17 h 30 après neuf heures de marche. Un peu de mou dans les mollets, bien sûr, mais rien de cassé. J'en suis rassuré. Du monde dans le bourg de Guerlesquin. Marchés, buvettes, animations, concerts, kan ha diskan. Je traîne un peu autour des buvettes, je serre dix mille mains et embrasse autant de joues, je m'avale deux bières et retour dare-dare à la cagna. Je suis mort.*

18.05.12

Qu'il pleuve, qu'il grêle ou qu'il vente, la grand-messe n'a jamais été annulée. Certes, il y a eu des éditions un peu gâchées par les intempéries, mais tout ça se termine sous le hangar au fest-noz du coin. Une dernière chose : sachez, je vous le jure, que les gens paient sans rechigner pour participer à cette épreuve et s'infliger de telles souffrances !

LE CHANT DES SOURCES

Ici prennent source l'Elorn, l'Aulne, la Penzé, le Queffleuth, le Douron, la Douffine, le Ster Gozh, le Noster, le Kamfrout, l'Elez mais aussi le Mendy né dans les landes de Goënidou, le Squiriou longtemps longé par la voie ferrée, le Briou, le Roudouhir, le Fao qui devient, en amont du lac, la Rivière d'Argent. Certaines rivières descendent vers le nord pour se noyer dans la Manche que l'on peut apercevoir, par temps clair, depuis les hauteurs de Trédudon tandis que les autres vont remplir l'Aulne ou l'Elorn qui se jettent dans la rade. C'est au nord du village de Kermeur, en Plougonven que deux menhirs solidement plantés délimitent la ligne de partage des eaux.

Souvent, une fontaine marque l'endroit où jaillit la source de vie, la source de survie, aussi. À Plouyé, les eaux de la fontaine Saint-Maudez soignaient les maladies de peau, les écrouelles et les eczémas. L'enfant qui souffrait des oreilles était emmené à Saint-Cadou ou à Saint-Thégonnec. Le bon saint Ildut à Sizun soulageait les paralysés des jambes et saint Éloi, comme saint Herbot, soignait les animaux du cheptel.

C'est ici même, n'en déplaise aux hydrographes, que l'océan Atlantique prend sa source, donc sa puissance et sa légitimité. Ce sont les larmes de la terre qui coulent à gros bouillon. Les saumons le savent bien, qui sont nés dans ces rivières, à l'ombre des frênes, des aulnes glutineux et des saules marsault. Ils ont entrepris la grande migration, l'interminable voyage dans l'océan, le passage de l'eau douce à l'eau salée et de revenir enfin, une fois

Lac du Drennec, pêcheur de lune

adulte, vers la mi-novembre, aux périodes des hautes eaux, pour remonter le courant vaille que vaille, malgré les cascades et les écluses, bondissant au-delà de chaque obstacle pour frayer là où leurs mères avaient pondu leurs œufs. Étrange aventure que celle de ces poissons qui tiennent absolument à s'accoupler à la source même où ils sont nés, dans l'eau douce, quitte à risquer leur existence. C'est ici que pour protéger sa ponte, la femelle construit sa frayère à l'abri d'une gravière.

Anthony est permanent à la Maison de la Rivière à Sizun, propriété du Parc d'Armorique et gérée par l'association Pêche, Rivière, Environnement. Ici, l'eau ne manque pas, dit-il sans que je n'ose lui répondre qu'en effet, je l'avais re-

marqué. Le réseau hydrographique représente 15 000 km de rivières, soit à titre de comparaison la distance à vol d'oiseau entre Brest et Nouméa. 15 000 km d'eaux vives jaillissant du ventre de la Terre et serpentant à travers landes et prairies, 15 000 km de veines frétillantes, palpitantes, pleines d'espoir, 15 000 km de ruisseaux parfois menacés par les saloperies chimiques et le trop plein de lisier épandu par une armée de tracteurs venue du pays d'En-bas. Qui donc a surnommé le Yeun Elez la « fosse celtique » ? Sauver l'eau, c'est ici comme ailleurs une urgence, et ici comme ailleurs, et peut-être plus ici qu'ailleurs, il y a des sujets qui fâchent.

Il est classique mais exact de déclarer que les monts d'Arrée sont le château d'eau de la Bretagne. Pensez !

Deux cents jours de pluie sur douze mois, 1 300 mm bon an mal an, ça vous fait de quoi tenir un long siège. C'est vrai qu'il pleut ici comme vache qui pisse et ceci les trois quarts de l'année. Il tombe des madeleines, il pleut des cordes, parfois des grêlons, des pierres, des grenouilles, des météorites ; il pleut à torrent, à verse, à plein seau, il pleut à chaudes larmes, il neige de la neige qui s'effondre en avalanches, il vente des bourrasques, des tempêtes, des cyclones, il souffle les sept vents de l'enfer, bref, on vous aura prévenu.

177,6 mm à Sizun rien qu'au mois de juin 2012 quand dans le même laps de temps, il n'était tombé que 58 mm à Nantes et seulement, je dis bien « seulement », 129 mm à Brest. La météo est ici un sujet sensible, délicat qu'il ne faut

aborder qu'en ayant parfaite connaissance des susceptibilités de son interlocuteur. Il m'est arrivé de faire en plein été des randonnées qui tenaient du parcours du combattant et je me suis vu arriver au final de l'étape trempé comme une soupe de la tête aux pieds, les chaussures pleines de boue et le visage ridé d'avoir trop baigné dans le jus du ciel. Et alors ? J'ai remonté à la sortie du Mougau à Commana un chemin transformé en torrent que je suivais à contre-courant et j'ai vu, de mes yeux vus, la chapelle Saint-Michel noyée dans un brouillard épais comme de la mélasse. Et alors ? Pluie du matin n'arrête pas le pèlerin !

« Là s'étale une flaque verdâtre,
d'un abord dangereux
et de mine traîtresse.
C'est la porte des enfers,
le vestibule sinistre, le trou béant
où l'on précipite les conjurés. »

Anatole Le Braz

Le moulin du Huelgoat,
porte d'entrée du chaos

Oserais-je ajouter à titre accessoire et sans vouloir blesser personne qu'il existe aussi et plus souvent qu'on ne le croit des putains de sacrées belles journées où la luminosité vous fait découvrir des horizons inespérés pendant qu'une tiède brise vous caresse dans le bon sens du poil.

Les ruisseaux deviennent rivières, s'enlacent et s'épousent en juste noce. Ici l'eau est paisible, transparente, lumineuse. Aussi belle et insaisissable qu'une fée, une libellule tournoie au-dessus des remous, comme si elle cherchait à percer la croûte liquide. Au fond du lit, les longs cheveux verts des antiques noyées suivent placidement le courant. Plus loin, l'eau devient grasse, lourde et sombre, chargée des boues ruisselant des champs de maïs. En amont, l'eau dégringole de la montagne. L'une après l'autre, l'une avec l'autre, ces artères gavées de sang bleu vont remplir nos entonnoirs. Il n'y a que trois lacs dans la région et ces trois lacs sont artificiels, c'est-à-dire qu'ils sont nés de la volonté d'un projet industriel ou politique, et aucunement pour des raisons esthétiques, ou alors ça se saurait, Dieu, lui-même, n'y ayant pas pensé une seule seconde.

*Le lac du Drennec.
Tout au fond,
Monts-d'Arrée-Plage*

La pancarte installée à l'entrée de la plage du lac artificiel du Drennec ne rigole pas : « Baignade interdite à toute espèce d'animaux ». J'ai d'abord cru à une blague mais la même pancarte était plantée de l'autre côté de la plage et je me suis dit de deux choses l'une : ou bien les humains, les loutres et les canards transgressent la loi, ou bien ils ne savent pas lire, car les uns et les autres se partagent en toute impunité les 110 hectares et les 8,5 millions de m^3 d'eau douce qui constituent le réservoir. Le lac du Drennec, c'est un peu monts-d'Arrée-Plages. Deux bancs de sable ont été déposés pour le bonheur des familles. On peut s'y baigner, y bronzer — oui, oui j'insiste ! —, on peut y pêcher, on peut même y faire du pédalo. C'est une vasque paisible au cœur d'un

« Firmament liquide à l'envers »
Victor Segalen

Colisée de verdure, c'est un peu baudelairien, pour tout dire. *Calme, luxe et volupté.* L'eau y est de bonne qualité et d'ailleurs, non loin, une usine de Commana met chaque jour en bouteille plus de 25 000 litres d'eau de source. Les constructions sont rares et discrètes, nulle ligne à haute tension ne raye l'horizon. Il arrive que le lac soit vidangé pour des raisons de maintenance alors le paysage prend soudain des allures lunaires et quelque peu inquiétantes. Inauguré en 1982 suite aux frayeurs de pénurie d'eau provoquée par la sécheresse de 1976, le lac, alimenté par l'Elorn et le Mougau, est aujourd'hui le puits d'un bon tiers des habitants du Finistère, notamment ceux de la région de Brest. Évitez toutefois de dire à un Brestois que l'eau avec laquelle il noie

Quand le lac de Nestavel
se prend pour la mer du Nord...

son pastis vient des monts d'Arrée, il risquerait d'avaler de travers. Un circuit de 7 km qui ne présente aucune difficulté fait le tour du lac du Drennec. On y croise quelques promeneurs, sportifs ou méditatifs selon le cas. Il y a en effet de quoi faire d'une pierre deux coups. S'élancer rapidement sur le chemin pour perdre un peu de graisse et dans le même temps s'imprégner de la puissance sereine du paysage. Les arbres sont d'un vert dense, l'eau et le ciel sont d'un bleu profond qui parfois se confond en une même vague. Segalen l'a écrit dans un poème : *Lac mouvant, firmament liquide à l'envers.* Mais sans doute y songeait-il devant le lac du Huelgoat, créé au XVIIIe siècle pour les besoins de la mine de plomb argentifère. Un lac urbain, en somme. On s'assoit en terrasse, on commande une bière qu'une jolie serveuse au visage constellée de taches de rousseur vous apporte en souriant, on regarde béatement les reflets argentés qui gigotent sur l'eau, c'est bien simple, on se croirait en Suisse. On est bien. Tout simplement bien.

L'autre lac, le plus vaste, le plus inquiétant aussi, c'est celui de Brennilis, officiellement dénommé réservoir Saint-Michel. L'auteur de *La Légende de la Mort* qui ne craignait pas le lyrisme nous met d'emblée en garde : *À mesure que nous approchons du Youdig, le terrain se fait de moins en moins solide sous nos pieds* (...). *Là s'étale une flaque verdâtre, d'un abord dangereux et de mine traîtresse. C'est la porte des enfers, le vestibule sinistre, le trou béant où l'on précipite les conjurés.* Mais du temps d'Anatole Le Braz, le lac n'était encore qu'un vaste capharnaüm de marais et de tourbières peuplés de funestes créatures. Aujourd'hui, les lavandières de la nuit, celles qui attiraient par leur chant le malheureux voyageur comme les sirènes le faisaient du marin égaré dans les brumes du grand nord, ont semble-t-il disparu, emportées par le déluge, encore que je n'en suis pas vraiment certain. J'ai connu dans les montagnes des filles à la peau blanche et aux longs cheveux d'or qui n'avaient pas leur pareil pour ensorceler de pauvres hères de mon espèce et c'est miracle que je ne n'y ai pas laissé ma peau et mes pauvres os entre leurs draps de lin.

S.N.L.E.

Le barrage de Nestavel a été construit dans les années trente et le lac n'est donc qu'un réservoir artificiel de 450 hectares alimenté par l'Elez, le Stèr-Red et le Roudouhir, qui à partir des années soixante et jusqu'en 1985 a surtout servi à refroidir la centrale nucléaire. Parlons-en, justement, de la cocotte-minute du Yeun Elez, de cette verrue atomique qui n'en finit pas de se faire démonter, démanteler, démantibuler, allez savoir, à tel point qu'un jour, on finira peut-être par ne plus y faire attention, on s'y habituera comme on s'est habitué aux blockhaus de nos plages en se disant que ces vestiges appartiennent à un passé révolu, à un temps où l'humanité n'était pas encore entrée dans sa pleine phase de maturité. Oui, c'est ça, n'en parlons plus, pas ici,

La mangrove du Vennec

pas maintenant, oublions cela et bon débarras. Faisons plutôt le tour du lac, en plein été, par les marais du Vennec et du Libist, quand la tourbière se fait savane et mangrove à la fois, ou en décembre, quand le lac se prend pour la mer du Nord, ou encore au printemps quand les castors se mettent à forniquer comme des lapins, quand les loutres poussent à qui veut l'entendre leur cri d'amour et quand le busard cendré, après six mois de vacances en Afrique, revient pour installer son nid au cœur du marais.

Les moines cisterciens du XIIe siècle ne furent évidemment pas les premiers à s'initier aux arts hydrauliques mais ce sont eux qui, à partir de leur abbaye du Relec, entreprirent à grande échelle sur la région des travaux de drainage, d'assèchement, de canalisation et d'irrigation. Je visite un jour de juillet

l'église abbatiale et je tombe sur un panneau où est écrite en toutes lettres cette étrange présentation : « C'est par le choix du site que commence la fondation d'une abbaye. Les fondateurs cherchent en ce lieu d'horreur et de vaste solitude l'équivalent du désert des premiers moines d'Orient. Symbole de l'humilité, l'humidité est préservée. L'essentiel est la présence de la terre, de la pierre et de l'eau. »

Le Mardoul

Je frotte mes yeux mais mes yeux ont en effet bien lu ce qu'ils ont vu : *lieu d'horreur et de vaste solitude*. Bigre ! Je lève les yeux et n'apparaissent autour de moi que verts pâturages et bois touffus. L'eau est partout en effet, elle est domestiquée, domptée comme des chevaux sauvages : ici elle est fontaine ou lavoir, là elle est étang ou canal. Mais elle revient toujours à sa sauvagerie, elle s'incruste, se cache, s'insinue sous les taches verdâtres de mousse végétale qui patiemment rongent les piliers du temple.

Humidité, humilité, deux mots qui prennent racine dans la mémoire de la terre. Je remonte à la source et m'agenouille au bord d'un filet d'eau claire. Je joins mes deux mains en vasque pour les remplir de vie.

LE CHANT DE LA TERRE

Steppe et sierra, broussaille rase et roche éboulée, tout cela évoquerait l'Espagne des Castilles s'il n'y avait dans le ciel des passages sombres en provenance de la mer encore proche.

Yves Le Gallo

Alors que je passais un examen oral de géographie particulièrement crucial pour la suite de mes études, l'un des examinateurs avait soudain, et un peu cavalièrement, coupé mon exposé pour me demander à brûle-pourpoint la définition d'un paysage. Un paysage, avais-je répété, pas certain d'avoir compris la question. Oui, un paysage. Fiasco total, me voilà soudain Grosjean comme devant, muet, paralysé, incapable de prononcer le moindre mot. Qu'est-ce qu'un paysage ? Tu parles d'une question à la noix. J'ai finalement été reçu à mon examen mais je jure que depuis ce retentissant flop, la définition du paysage n'a cessé de me hanter.

Je n'avais encore lu Roger Brunet : *On posera donc que le paysage est très précisément et très simplement ce qui se voit (...). Ce qui se voit existe indépendamment de nous, ce qui se voit est d'autre part vécu et senti par les hommes qui en sont les usagers. Les usagers opèrent dans le paysage des sélections et des jugements de valeur.*

Et voilà, un paysage, c'est tout simplement ce que l'on voit, ni plus ni moins. Mais ce que l'on voit, en l'occurrence ici les monts d'Arrée, ne signifie pas la même chose selon qu'on soit randonneur, paysan, chasseur, poète ou ministre de l'agriculture. Moi, ici, je suis le plus souvent marcheur, vagabond, donc je jauge les horizons de manière à évaluer grossièrement la distance qu'il me restera pour atteindre tel clocher ou tel sommet. Le plus souvent, mes yeux sont baissés pour appréhender le terrain que doivent fouler mes semelles. Je fixe davantage les chemins

Saint-Rivoal,
la maison d'Yvon Cornec
et d'Anna Broustal

que les landes alentours, je pronostique sur la difficulté des pentes tandis que le chasseur se demande où débusquer sa proie, que le poète cherche une rime avec Roc'h Trédudon (bubons, tétons, mamelons...) et que le botaniste courbe la tête pour répertorier une espèce particulièrement rare de gentiane pneumonanthe. Donc, les monts d'Arrée, comme tout paysage, sont une interprétation subjective et par conséquent appartiennent à chacun. Le paysage n'est pas ce qui existe, c'est ce que l'homme voit. « Le paysage des uns est-il le paysage des autres ? » interroge une pancarte devant la maison Cornec de l'écomusée. Excellente question.

On a coutume de qualifier les monts d'Arrée de sauvage, de naturel, partant

Les landes du Cragou, l'antre du loup

du postulat que la nature serait naturellement sauvage, mais c'est une erreur. Initialement, une vaste forêt couvrait l'essentiel de la région. Il n'en reste que des débris, celle du Cranou et celle du Huelgoat, peuplées de hêtres, d'ifs et de chênes pédonculés. Peu à peu, tout le territoire a été occupé, travaillé, domestiqué, surtout à partir du Moyen-Âge et particulièrement au XIIe siècle quand la Bretagne a connu un relatif essor aussi bien économique que démographique. La pression de ce surplus de population a obligé certaines familles — les plus pauvres — à se retrancher vers les terres les plus ingrates, en témoignent ces murets de pierre engloutis par les ronces. Ici, la terre est pauvre, caillouteuse, les champs sont pentus, les sols sont acides, tout juste

L'abbaye du Relec et les ruines du village médiéval de Goënidou

bons à nourrir les bêtes de quelques poignées d'ajoncs.

On doit aux moines cisterciens de l'abbaye du Relec, déjà cités, ainsi qu'aux Hospitaliers installés à La Feuillée l'organisation à grande échelle des défrichements et de la mise en valeur des terres. Un contrat appelé *quévaise* liait le paysan à l'abbaye voisine. En échange de la participation aux travaux nécessaires à l'exploitation de l'abbaye, le paysan recevait un lopin de terre et une maison dont il n'était que le locataire — le loyer étant versé en part de récolte — mais il conservait, à l'inverse des serfs, un statut d'homme libre. Et ce système est à l'origine de la fondation de villages qui existent encore, de gros hameaux formés d'une vingtaine, d'une trentaine de maisons tassées les unes contre les autres, contrairement à l'habitat dispersé qu'on rencontre le plus souvent dans le reste de la Basse-Bretagne. Mengleuz ou Quillioguès à Plounéour-Ménez, par exemple. Ruguellou ou Kerelcun à La Feuillée. À Goënidou, à l'est de la paroisse de Berrien, subsistent les vestiges d'un village médiéval de quelques maisons depuis des siècles abandonnées. On y voit les modestes fondations de trois bâtiments de forme rectangulaire que les paysans partageaient avec leurs

bêtes. Je balaie l'horizon à 360° et ne vois aucun signe de présence humaine sinon un pylône électrique, quelques éoliennes perchées au loin sur une crête et une mosaïque de champs sans cesse redessinés depuis les grands travaux du Moyen-Âge. Goënidou, est un site magnifique aujourd'hui oublié par les hommes. Pas par tous. Malins et flairant la bonne planque, quelques centaines d'accros à la musique techno, las de jouer à cache-cache avec la gendarmerie, y ont en septembre 2012 organisé dans la plus parfaite illégalité et la plus franche bonne humeur une *free-party*, dressé quatre murs de sons capables de décorner les bœufs et ont dansé jusqu'à l'aube. Aucun incident n'a été à déplorer mais, comme on dit, ceci est une autre histoire.

Middle West armoricain, le fil qui chante

Brennilis,
les tourbières

Toutes les terres, et même les plus ingrates, ont été exploitées à un moment ou à un autre, y compris sur les pentes les plus abruptes et au fond du marais du Yeun où l'on devine encore quelques traces d'occupation du territoire, quelques pans de murets d'ardoises ou de grès érigés pour protéger des assauts du vent un arpent de patates ou de sarrasin. En vain, les paysans se sont battus jusqu'aux années 1960 quand décision a été prise de noyer la région pour laisser place au lac de Brennilis.

Ici comme ailleurs et pourtant ici moins qu'ailleurs, le bocage traditionnel a lui aussi été en partie détruit. On sait que 170 000 km de talus ont été arasés depuis les années soixante et j'ai entendu de la bouche même d'un

paysan de Brennilis qu'il aurait préféré qu'on inscrive plutôt les talus du bocage breton au Patrimoine mondial de l'humanité quitte à raser les forteresses de Vauban dont il n'avait que faire. Ils sont parfois comme ça, les gens d'ici, ils pensent ainsi. Oublions les odeurs de lisier épandu avec largesses sur les prairies alentours, oublions que les gros éleveurs de porcs utilisent les monts d'Arrée comme chiottes publiques et rendons grâce au Créateur qui, entre nous soit dit, a été ici bien avare de bénédictions, ce qui peut-être expliquerait en partie le succès du parti communiste dans la région.

Reste la lande couvrant une surface de 15 000 hectares, l'ensemble le plus vaste de l'ouest, pourtant menacée aujourd'hui par l'extension des terres agricoles, le surpâturage, le piétinement, l'abandon pur et simple ou encore les incendies. En mai 2005, une étincelle funeste a mis le feu à cinq cents hectares de landes et de bois autour du Roc'h Bidourel.

Quelques années auparavant, un randonneur imprudent, soucieux de faire disparaître le papier hygiénique qu'il avait utilisé pour les raisons que l'on devine, avait été à l'origine d'un gigantesque incendie que les pompiers mirent trois jours à circonscrire. neuf cents hectares détruits au pied du mont Saint-Michel et des larmes de sang noir qui, des semaines durant, ont coulé jusqu'aux tourbières du Yeun.

Tourbière, tourbière, prends garde à ta bruyère, serait-on tenté de fredonner en la traversant sur les passerelles de bois gentiment installées à la disposition du promeneur. Dans des temps pas si éloignés, les hommes y arrachaient des briques de tourbe qu'ils faisaient brûler dans leur âtre pour ne pas crever de froid. Ces tourbières sont de grosses éponges d'eau pure où se terrent et s'animent, dans le vaste

maelström de la création, végétaux, insectes et oiseaux de toutes sortes. La tourbière du Mougau, autour de laquelle a été aménagé un petit circuit pédagogique, la tourbière du Vénec à Brennilis, classée réserve naturelle en 1993, mais aussi celle de la Haute vallée du Mendy, entre Berrien et Le Cloître-Saint-Thégonnec qui recèle une quantité d'espèces protégées portant toutes le nom d'une fée ou d'un korrigan : la linaigrette engainée, la sphaigne de La Pylaie, le malaxis des tourbières, la spiranthe d'été, le licopode inondé et, en vedette locale, la drosera. Preuves qu'on aime bien par ici les plantes carnivores, le camping de Brennilis s'appelle *Le Drosera*, un bistrot de Brasparts aussi, pas si étonnant que ça quand on connaît la passion du patron pour la botanique.

« Ne me parlez pas de moi
Sur ma tête mettez une pierre
d'argile blanche
Et parlez-moi de la terre »

Xavier Grall

« Passants, vous passez, nous restons » supplie une pancarte plantée sur la route de Roc'h Cleguer, près de la maison des artisans à Brasparts. Restent donc et demeurent les landes, même si 90 % du tissu initial a disparu. Les landes de Blevara, celles du Vergam, du Cragou, couvertes d'ajoncs d'Europe ou de Le Gall, de bruyère cendrée ou ciliée, de callune et de molinie — ne cueillez rien, pour l'amour du ciel ! — habitées par des busards, des courlis cendrés qui à la saison des amours chantent leur fameux « cou... rliii, cou... rliii ! », des fauvettes pitchou à l'œil rouge et perçant, des bécassines et des engoulevents qu'on appelle en breton *labous-skrijer*, « l'oiseau vibreur » parce que son cri fait penser à celui d'un vélomoteur.

Quelques poneys dartmoor et des troupeaux de vaches nantaises broutent la lande tout en la régénérant. Mais la lande est maintenant menacée par l'épicéa de Sitka qu'un lobby forestier s'est mis en tête de planter un peu partout. L'épicéa de Sitka est un résineux qui attend sa classification en bois de construction bien que des mauvaises langues vous diront qu'une

maison construite de ce bois-là ne tiendra pas dix ans. Dès qu'une parcelle se libère, on plante de toute urgence des rangées de ces arbres alignés comme des soldats de plomb. Ils ne sont pas à franchement parler laids, ce sont des arbres après tout, mais c'est cette disposition en rang d'oignons qui les rendent insupportables à l'œil, quasiment hors sujet. Le SITCOB (Sitka Centre Ouest Bretagne) a des objectifs en terme de reboisement : 10 000 hectares sont actuellement exploités, 20 000 sont prévus dans un futur à court terme. Avec comme argument suprême ces fameuses retombées sur l'emploi local, avec forcément l'alibi écologiste tendant à promouvoir le bois de chauffage. Ben voyons !

Cœur de bruyère, fleurs de blé noir

Huelgoat,
la rivière d'Argent

Tout le monde semble d'accord, le Parc régional d'Armorique, les collectivités locales, l'Europe qui vide sa tirelire. Tout le monde sauf quelques empêcheurs de tourner en rond ou plutôt empêcheurs de planter en ligne... Dans les années quatre-vingts, une association de riverains du Cragou s'était opposée avec succès à « l'enrésinement » de leur lande et leur combat était légitime. Avant que les monts d'Arrée ne se couvrent d'un épais manteau verdâtre et ombrageux, des voix s'élèvent ici et là. Ici plutôt que là. Des voix qui font cou... rliii... cou... rliiiiii... !

LE CHANT DU PEUPLE

Vous tous qui êtes là qui m'écoutez
Si le cœur vient à vous manquer
si le quotidien vous paraît gris
Sachez qu'il est un pays
Où vous devrez vous battre avec le vent la pluie
Chaqu' jour sera une aventure et puis
vous trouv'rez ce dont vous rêvez où ça ?
Là-bas dans les monts d'Arrée
Alors n'attendez plus et venez où ça ?
Là-bas dans les monts d'Arrée

Patrick Ewen

Les Montagnards sont des Rouges. Pas tous, bien sûr, mais en proportion parfois étonnante au regard du plat pays toisant de haut les gens de la Montagne, ce Léon si longtemps fidèle à l'Église et qu'on appela la terre des Prêtres. À contrario, les monts d'Arrée ne sont pas en odeur de sainteté. Déjà, en 1920, le curé de Bolazec se désole de voir son église désertée. L'évêché de Quimper envoie une mission : *Il fallait livrer assaut à la torpeur spirituelle de ces primitifs, ataviquement hostiles aux innovations et peu accessibles à l'enthousiasme*, écrit l'hebdomadaire diocésain. Pas sûr que cela ait marché. 203 habitants aujourd'hui à Bolazec. Aux présidentielles de 2012, François Hollande y obtient le deuxième score national avec plus de 86 %. Mais c'est à Locmaria-Berrien, l'antre du grand Youenn Gwernig, que les électeurs ont placé en tête au premier tour Jean-Luc Mélanchon, le candidat du Front de gauche. C'est ainsi. De solides bastions rouges subsistent dans les monts d'Arrée où le PCF fait toujours des scores très honorables.

Il y a maintenant une bonne vingtaine d'années, je me trouvais dans une vieille ferme de Berrien, une ferme bretonne typique, dirons-nous, invité par des amis communs autour d'une bonne bouteille de pinard, d'une miche de pain et d'une boîte de pâté grosse comme un gâteau d'anniversaire. Au-dessus de la cheminée, sous le crucifix, étaient parfaitement alignés les huit tomes des œuvres complètes de Lénine dans une magnifique édition reliée de cuir rouge. Au lendemain du congrès de Tours, Louis Lallouet, du Huelgoat,

Alain Jacob,
éleveur et fromager
à Saint-Cadou

devient le premier maire communiste de Bretagne. Les militants chantent *L'Internationale* sur la place du bourg en brandissant des drapeaux rouges tandis que les bonnes gens se cachent derrière leurs volets clos et que le curé asperge d'eau bénite la chaussée où viennent de défiler les manifestants.

Difficile de connaître les causes exactes de cet attachement à la gauche radicale qui a sans doute des origines lointaines. La misère peut-être, en témoignaient les *pilhaouerien*, ces chiffonniers de Loqueffret qui allaient de ferme en ferme échanger de la vaisselle contre des tissus usagés qu'ils revendaient aux Anglais qui en faisaient des billets de banques, ce qui fait dire à Marie-France de Botmeur que là-bas, ils paient leur bière avec les culottes de sa grand-mère et qu'importe si c'est vrai ou non tant l'histoire est belle.

En tout cas, la pauvreté de ces chiffonniers errants n'était pas une légende. Les jeunes filles se devaient de baisser la tête dès qu'elles entendaient leur carriole arriver dans le bourg.

Certains historiens ont vu dans la *quévaise*, ce contrat agricole qui liait les paysans aux abbayes, une forme de système collectiviste, ancêtre des kolkhozes en quelque sorte. On a déjà dit que les villages étaient de gros hameaux, au contraire de l'habitat isolé qui domine généralement en Bretagne, et cette occupation du territoire a fait naître un sentiment de solidarité sans doute plus vif ici qu'ailleurs, bien que Julien, un jeune agriculteur de Ploenez m'ait fait remarquer que, communiste ou non — je cite — « on s'y bouffe allègrement le nez et on se fout sur la gueule de temps en temps. » Bien sûr, la révolte des Bonnets rouges de 1685 qui démarra à Saint-Hernin lors de l'attaque du château de Kergoët gagna plusieurs paroisses des monts d'Arrée, Lannédern, Loqueffret, Plouyé... Quelques manoirs furent incendiés, quelques marquis de sang bleu furent tabassés, un prêtre fut taquiné, rien de bien méchant au regard de la violence qu'exerçait le pouvoir féodal et royal à l'encontre des plus pauvres. La répression fut aussi efficace qu'elle fut disproportionnée.

Mais c'est sans doute la dureté de la vie, la pauvreté de la terre, la violence des éléments qui ont forgé au fil des siècles le caractère des montagnards, souvent rebelle à toute autorité étrangère, qu'elle soit féodale, nationale ou étrangère. En 1936, des carriers de Saint-Cadou d'obédience trotskyste s'engagent en Espagne aux côtés des forces républicaines. À Berrien, une pancarte rappelle que Trédudon-le-Moine fut le premier village résistant de France où, dès le 16 juin 1940, une fraction clandestine du Parti Communiste Français commença à planquer des armes et à organiser des actions de Résistance avec la complicité de toute une population. Au hasard des routes se dressent des stèles commémorant la mort au combat ou en déportation de jeunes maquisards et au pied desquelles s'agitent au vent quelques bouquets. C'est encore dans la région du « maquis rouge », à Scrignac, que fut assassiné le 12 septembre 1943 l'abbé Perrot soupçonné à tort ou à raison — sujet qui fâche et que je n'ai nulle envie de développer ici — d'entretenir des liens de collaboration avec l'occupant. Toujours est-il que son cortège funèbre défila sous la protection des mitrailleuses allemandes. C'est à Coat-Quéau qu'il repose désormais. Le lieu est verdoyant, la chapelle est particulièrement vilaine.

Faïence Pilhaouer de La Feuillée vers 1920. Musée de Quimper

Août 2012,
Fest-noz à Ploenez en Brennilis,
sous le hangar à Jean

Samedi 18 août 2012, sous le hangar de Jean Bris, décédé il y a peu, eut lieu le fest-noz annuel de Ploenez en Brennilis. Ploenez, autrement dit Ploumenez, le « *plou* de la montagne », jadis la paroisse mère des monts d'Arrée. Une douzaine de fermes et de maisons recroquevillées les unes contre les autres. Jean Bris était la figure locale, l'ange tutélaire de Ploenez. Le fest-noz lui rend hommage. Quatre cents personnes, entraînées par les voix des frères Deniel, de celles d'Annie Ebrel et de Nolùen Le Buhé ou de la cornemuse de Georges Cadoudal, dansent une bonne vieille gavotte des montagnes. Près de la scène, l'antique buffet de Jean Bris a été dressé comme un autel. Deux bougies sont plantées dans des bouteilles trois étoiles de *Grappe Fleurie*. Sous son portrait le caricaturant en commissaire politique, quelques paquets de gris et une liasse de feuilles à rouler peaufinent le décor. Par dérision, on en a fait une icône bolchevique. Lui qui n'était pas communiste, une grande affiche le représente entouré de Marx et d'Engels. Jean Bris, le stakhanoviste de la faucille, ici croisée pour parodier la faucille et le marteau, avec la petite fourche à deux dents. *Ar vorc'h hag ar valz.* Je me souviens que mon grand-père avait la même, confectionnée par ses soins avec une branche taillée dans le buis. *Kenavo*, Jean Bris, qui s'est toujours battu pour une agriculture raisonnée, donc raisonnable.

Photos Hervé Bellec

Photo Michel Poulain

C'est justement de cela que l'on parle le lendemain assis à la grande table en éclusant, une fois n'est pas coutume, une bouteille de limonade. On est tous un peu fatigués, normal, la nuit a été longue mais la nuit a été belle, riche de danses, de bières et de cornemuse. Jules, un jeune agriculteur du coin qui fait dans la viande de bœuf raconte :

« Ici la terre est moins bonne, le climat est plus froid, les pierres dévorent les champs, les rendements sont donc médiocres, rien à voir avec ceux d'En-bas, qui couvrent des hectares de maïs sur des parcelles remembrées. Dans les monts, le remembrement n'a été que partiel, les échanges de terrains plus compliqués, résultat, c'est plus vivable. Ici, quelque chose est encore possible. Ici, il y a un truc qui est resté. »

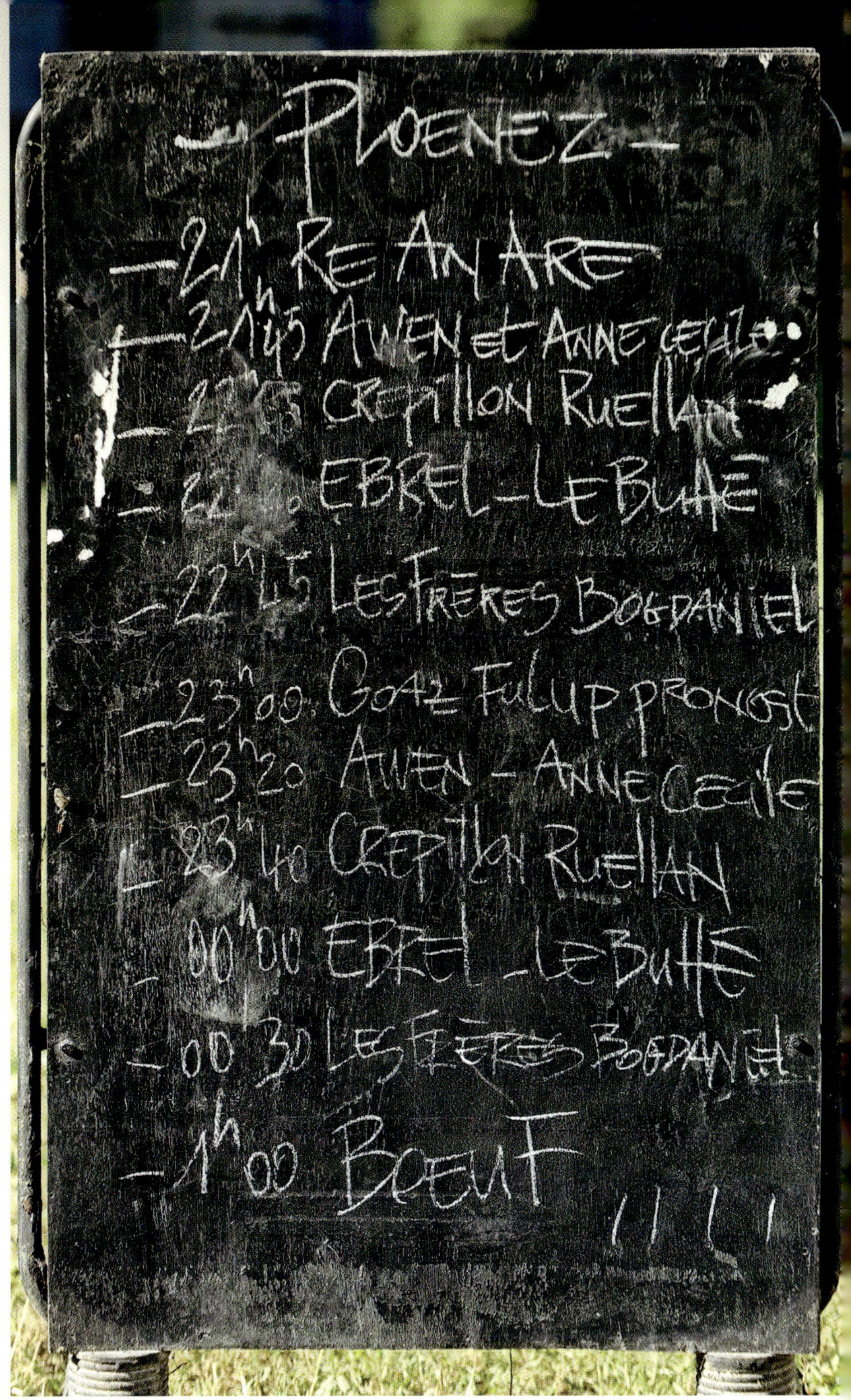

Des « Montagnards », des « Mont d'Arriens », des « Mondarristes » — comment faut-il les nommer ? — j'en ai rencontré quelques-uns et tous m'ont dit que je ne devrais pas partir sans avoir interrogé untel ou untel. Chacun a son histoire propre à raconter, chacun à son parcours et ses raisons de vivre ici. Nés-natifs ou transplantés, on s'en tape. Néo-ruraux, Anglais, hippies, baba-cool, gens du cru, tous dans la même galère. Musiciens, artisans, agriculteurs, tous unis dans le même attachement, soudés par des réseaux aussi informels que solides. « L'isolement, la solitude, m'a confié Anna, fille de Saint-Rivoal, je ne connaissais pas ! Il a fallu que j'aille en ville pour découvrir ça ! ». Et ce mot-là — solidarité — combien de fois l'ai-je entendu entre les lèvres d'hommes et de femmes venus s'installer ici. Sylvia, par exemple, une harpiste irlandaise

La queue du dragon

que je croise avec son chien dans la montée de Botmeur et qui pour cette seule raison ne regrette rien de son exil.

Maëlle est une douarneniste installée depuis peu dans la région, ancienne élève d'arts appliqués, reconvertie aujourd'hui à Commana dans la production de plantes aromatiques et médicinales. Une sardine d'eau salée qui remonte à la source, en quelque sorte. Comme les saumons. Pourquoi avoir quitté la mer pour venir s'enfermer ici ? Le sourire un rien chafouin, elle me regarde droit dans les yeux : « Par amour ». Ce ne sera pas la seule femme à me confier un tel secret mais le contraire est aussi vrai à croire que la pluie des monts d'Arrée a le pouvoir de dissoudre tous les chagrins.

Célèbre dans tout l'ouest, le kig ha farz *de Marie-France. « Faut tout finir sinon ça va barder ! »*

Je rencontre Amélie et Dorothée à Saint-Rivoal. Toutes les deux sont embauchées par l'écomusée des monts d'Arrée qui gère la maison Cornec et les moulins de Kerouat sous la houlette de Jean-Pierre Gestin. La première vient de Paris, la seconde de Grenoble. Ça commence mal, serais-je tenté de dire. Études d'histoires pour l'une, de gestion-éco pour l'autre. Des petits boulots ici et là et un soudain coup de cœur, entre Botmeur et Brasparts, au pied du mont Saint-Michel. Le genre de choc qui n'arrive pas 36 fois dans une vie, une sorte de pathologie que Juan, le marionnettiste argentin, appelle la *mont-d'arrite aiguë*. « J'ai eu tout de suite envie de rester ici, de me poser ! Je me suis sentie chez moi ! » me souffle Dorothée. Amélie poursuit : « Logiquement, le village de Saint-Rivoal aurait dû mourir d'une mort lente et silencieuse.

Photo Hervé Bellec

Amélie,
gardienne de la maison Cornec

Or, qu'est-ce qu'on y a trouvé ? Des *festoù-noz* en veux-tu en voilà, un cinéma associatif, un groupement de producteurs bio, une épicerie coopérative, des réseaux dans tous les sens, des fêtes, un musée... Au moins, ici, les gens essaient de faire quelque chose. De se battre. » Oh, bien sûr, elles ont entendu le couplet « parisienne tête de chienne » siffler plus d'une fois à leurs oreilles, et bien sûr de généreux gens de passage se sont demandés pour quelles raisons de si jolies filles se cloîtraient entre ces murs de brume mais bon, elles laissent aboyer les chiens. La maison en *apoteiz* d'Yvon Cornec et de sa femme Anna Broustal a été construite en 1702, sous le règne de Louis XIV. Aujourd'hui, ce sont ces deux jeunes femmes qui en gardent les clés.

Sylvie Bozoc en son Palais des Arts.

(En bas), Valérie, peintre.

Sylvie Bozoc, une petite brune élevée du côté de Portsall, a installé en 2005 son atelier de peinture et de sculpture dans un ancien chai à cidre, respectueusement rénové avec l'aide de Patrice Langlois, son musicien de compagnon. Située dans une ruelle jouxtant l'église du Huelgoat, cette antique demeure de pierres aurait été

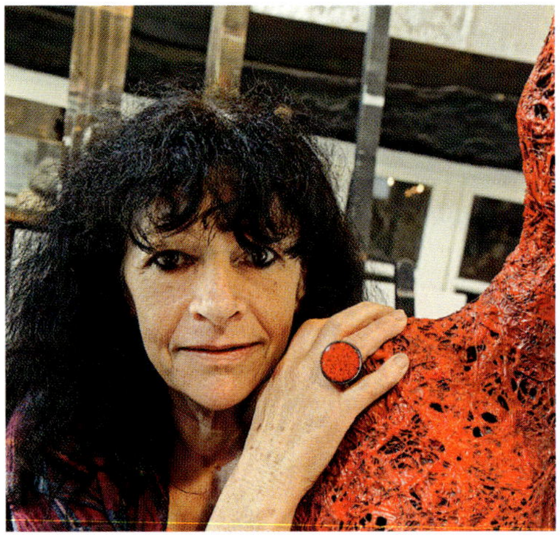

— je dis bien « aurait », le sujet porte à controverse — la propriété de l'ancêtre de Jack Kerouac, Urbain François Le Bihan, sieur de Kervoac, né vers 1702, qui, pour échapper à des poursuites judiciaires, changea d'identité et se réfugia au Canada. Comment une fille de la côte nord est-elle devenue une terrienne, une forestière ? « La mer, dit-elle, je sais qu'elle est là, pas loin ! Et deux heures de marche dans la forêt de Saint-Amboise, je te prie de me croire que ça requinque ! » Ici, les gens sont attachants et, comme Sylvia, elle me parlera à voix basse de la discrète et puissante solidarité des gens d'ici. Le climat ? « C'est vrai, certains jours, le plafond est un peu bas, faut croire que ça influence mon travail. » Son travail ? Des formes humaines parfois un peu inquiétantes, des taches rouges se mouvant dans des danses lascives, des femmes dont on devine un sourire lointain et mystérieux.

« Possible que si on avait été des nés-natifs, ça n'aurait pas marché ! me confie Katita. Plusieurs sons de cloche nous prédisaient qu'on allait se planter. Et bien, pas du tout ! Le concept fonctionne plutôt bien ! » Marc Ledret et Katita Reynes ne sont pas du pays, en effet, ils viennent même de loin, et ils reviennent de très loin. Marc a dans les veines un méli-mélo de sang normand et malouin, des ancêtres moitié corsaires, moitié pirates, à l'occasion pêcheurs de morues et chasseurs de baleines, échoués à Saint-Pierre-et-Miquelon qui fût un temps plaque tournante des trafics de la mafia à la grande époque de la prohibition. Son père y est né. Retour en France. Marc y rencontre Katita, une fille de Catalans émigrés depuis 50 ans à Perpignan, ce qui ne les a pas empêchés d'être toujours considérés comme des étrangers, chose qu'elle n'a jamais ressentie ici, dans les monts d'Arrée. Pourquoi? «Difficile à expliquer, peut-être par défaut d'intolérance!» Et pourquoi la Bretagne? « Elle s'est imposée comme une évidence, c'est tout ! » Infirmière de formation, Katita a bourlingué au Mali au service de Médecins Sans Frontières, notamment pour échafauder un projet d'école de sages-femmes dans le nord du pays, là où les femmes ne comptaient que sur la miséricorde d'Allah pour mettre leurs enfants au monde. Retour en France, en Bretagne où elle se dégote un remplacement à Plonévez-du-Faou. Ça fait déjà un petit moment qu'ils sillonnent le pays en long et en large, avec une petite préférence pour le Canal et la vallée de l'Aulne.

Marc écoute Stivell, lit Xavier Grall, les pères refondateurs. Tous deux ont une idée derrière la tête, une idée avec des livres et des chaises, des chaises pour s'y asseoir et lire les livres en sirotant un bon café ; ne manque que le lieu. « Souvent, ce sont les maisons qui choisissent leur propriétaire et non le contraire ! » En pleine forêt du Huelgoat, sur une petite route qui serpente vers Berrien, la crêperie *Le Chevreuil* est à vendre. Ce n'est pas tant la bâtisse qui les intrigue mais le jardin. Enfin, un jardin, n'exagérons rien ! Plutôt un fatras confus de gros rocs tombés d'on ne sait où sur un terrain biscornu où s'élèvent dans le plus grand désordre de gros arbres tout feuillus.

Coup de cœur, l'aventure du café-librairie *L'Autre Rive* débute le 5 avril 2006. Des bouquins en veux-tu en voilà mais attention, le choix est subtil ; des soirées à thèmes, des soirées anathèmes aussi — il y aurait dans les parages des militants d'une gauche écologiste et alternative que ça ne m'étonnerait guère ! — des expos, une carte plutôt alléchante de bières, de thés, de glaces, et de quoi se sustenter après une bonne randonnée. Pour info, le GR 37 passe juste devant.

Marc et Katita,
L'Autre Rive *à Berrien*

Le Drosera *à Brasparts*

La maison ne fait plus crédit

FEST NOZ
SAINT RIVOAL
SAMEDI
13 AVRIL

SKOL DIWAN KOMMANNA

Un cake andouille-pistache-raisin à la farine de châtaigne, par exemple, accompagné d'une bonne rousse mais chacun fait à son goût, à l'intérieur ou en terrasse, en lisant dans la plus grande quiétude quelques pages de *La Centrale indémontable*, le livre que Claude-Marie Vadrot a consacré à la centrale de Brennilis ou un vieux poème de Xavier Grall. Celui-ci, par exemple :

Ivrognes
Sourds
Lourds
Cramoisis
Les déments de l'Arrée sans descendance
Éteignent les vieux clans campagnards
Des gerbes et des meules
Ils ont refusé l'exil, l'usine et l'encan
Et la vie qui marche a piétiné leur raison
Leur laissant le quignon la soif et la misère
Et les grands chiens galeux des désastres fermiers
Lèchent leurs pieds jaunes sous les tables rondes.

Ce poème publié en 1982 s'appelle *Les Déments* et nous dresse un tableau terrifiant des monts d'Arrée. Grall nous parle de *hameaux sans femmes, de panses pourries de cidres amers, de glas épouvantables et de pluvieuse misère des monts d'Arrée.* Vision fataliste, vision fatale, létale, qui hélas reste encore une vision presque consensuelle s'accrochant aux monts d'Arrée comme une boue grasse aux souliers et répétant à l'unisson le couplet du poème du pays qui a froid. Les photos en noir et blanc prises dans les années soixante-dix par Robert Doisneau ou Goïta Sandberg, un Suédois tombé amoureux du coin, à tel point qu'il s'y est installé, montrent peu ou prou la même désolation. Il est vrai, beaucoup d'écoles ont fermé et davantage encore de bistrots. Il est vrai qu'il faut souvent prendre sa voiture pour aller chercher le pain et Amélle se plaint qu'il lui faut faire 12 km pour acheter ses clopes. La population n'a cessé de décliner depuis le début du XXe siècle. Nous sommes ici dans les régions de basse densité : 15 habitants au km^2 à Loqueffret, 18 à Carnoët, 9 à Saint-Rivoal, 12 à Bolazec.

Françoise Livinec, galériste, École des filles (Huelgoat)

S'ils étaient encore parmi nous, saint Herbot n'aurait plus à prêcher que devant un parterre de vieilles femmes appareillées de l'oreille, les lavandières du Yeun n'auraient pas grand-chose à tordre entre leurs draps, les Bonnets rouges ne trouveraient plus guère de manoirs à incendier, encore moins de marquis à trucider et les plus fatalistes vous diront que seul l'Ankou trouve ici besogne.

Braspart sur la route des monts d'Arrée
Pas une maison autour des marais
La nuit et l'hiver
pas un arbre vert
Braspart, sur ta lande
Brigands ni Brigandes
Ni chars ni passant !

... a écrit Max Jacob dans son poème *Morven le Gaélique* mais, comme Xavier Grall, il a tort, il a mille fois tort car depuis une vingtaine d'années, on constate un regain, un frémissement. Les écoles voient les inscriptions croître d'année en année. Le collège de Plounéour-Ménez, menacé un temps de fermeture, a vu ses effectifs passer de 60 à 230 élèves. Et que dire de la vie, tout simplement ! C'est dans un champ de Saint-Cadou que de jeunes fous furieux organisent tous les ans la kermesse à Raymond — à Raymond... Arrée monts ! Ça y est, vous avez enfin compris ! — une sorte de petit festival alternatif et déjanté ; c'est encore à Saint-Cadou que Youenn et Rose Gouez ont aménagé l'ancienne école en gîte et en studio d'enregistrement ; c'est à Brasparts, sous le hangar de la ferme de Gwernandour que sont venus chanter à la place des vaches Zebda, Manu Chao, les Têtes raides, Miossec et tant d'autres ; c'est au Huelgoat que Françoise Livinec a ouvert, en dépit des hurlements de ses amis parisiens, l'une des galeries d'art les plus intéressantes de Bretagne ; c'est à Saint-Rivoal, à Brennilis ou à Berrien qu'on trouve les *festoù-noz* les plus roots, le fromage de brebis le plus parfumé (bio, bien évidemment), les teknivals les plus branchés, le *kouing aman* le plus goûté au *Ty-Forn Nevez* à Saint-Cadou et c'est à Plounéour que Solen fabrique les flûtes les plus affûtées.

J'ose un sermon sur la montagne : les monts d'Arrée sont en train de se réinventer. Sans grand plan d'ensemble, mais par petites touches, par quelques volontés souvent venues d'ailleurs, par énergies renouvelables et renouvelées ; ce qui suppose, on s'en doute, une bonne dose de créativité, de courage et d'opiniâtreté. Du *stourm*, comme on dit ici. Alors cessez vos sarcasmes, gardez votre pitié, oubliez votre compassion, cette montagne d'Arrée, c'est notre Annapurna, notre mont Fuji, notre Sainte-Victoire, notre Kilimandjaro et notre Olympe. Depuis des millénaires, un volcan oublié repose sous les schistes du Trévézel. Nul ne sait exactement quand il se réveillera, mais une chose est certaine, il se réveillera, quoiqu'il arrive, et je suis persuadé que les gens d'ici, je veux parler de ceux qui vivent ici « toute l'année », ont leur petite idée là-dessus car ici, « il y a un truc qui est resté ».

Remerciements

À Michel Kerninon et Cyrille Boulo, camarades de balades, à Youenn et Rose Gouez de Saint-Cadou, Michèle Simon du Parc d'Armorique, Amélie Garrot, Dorothée Costa, Sébastien Carney, Maëlle Guéguen, Gilles Pouliquen, Anthony Le Gall, Valérie Capp, Sylvie Bozoc, Christiane Fraval, Marc Ledret, Youenn Morvan, Jules Tallec, Michel Poulain, Anna Gouez, Patrick Ewen, Katita Reynes, Françoise Livinec, Mona Jaouen, Sylvia Crawford, Juan Perez-Escala ainsi qu'à la Dame du Canal, à Marie-France de la Croix-Cassée, Jacques du Drosera, Lorine de l'Auberge du Ménez, Patrice du Yeun-Elez, Youenn de Chez Youenn, Cristel de l'office du tourisme de Brasparts, Alain Jacob, Geraint Jones, Jean-Jacques Bouguyon, Clarys Bourbon, Gaëlle Rozé, Dominique Guillaume, Yves Le Borgne et l'association ADDES.

Trugarez vraz d'an holl !

Textes
Hervé Bellec

Photographies
Jean-Yves Guillaume

Conception graphique
Bruno Pia

Photogravure
Quat' coul
29000 Quimper

Cartographie
Pierre Hervé

Conçu et imprimé en BRETAGNE

Achevé d'imprimer en avril 2013
sur les presses de Imprimerie SOFAG
Z.A. de Kerangueven
29590 Le Faou

ISBN 978-2-915002-51-5
Dépôt légal 3e trimestre 2013

14, rue Boussingault – 29200 BREST
Tél. 02 98 33 61 72
Mail : didier.labouche@wanadoo.fr
www.georama.fr

Références des auteurs

Hervé Bellec

Si c'est ma femme, je suis pas là (Éditions-Dialogues.fr - 2011)
Brèves de Bretagne (Edicité - 2009)
Une heure de sommeil en moins (Coop Breizh - 2009)
Les sirènes du Transsibérien (Géorama - 2008)
Sur le chemin de Stevenson (Ouest-France - 2007)
La nuit blanche (Coop Breizh - 2006)
Un bon Dieu pour les ivrognes (Coop Breizh - 2005)
Le beurre et l'argent du beurre (Coop Breizh - 2005)
Garce d'étoile (Coop Breizh - 2003)

Jean-Yves Guillaume

Jardins en Bretagne (Éd. Le Télégramme - 2012)
Trégor (Éditions Géorama - 2011)
Finistère ou le territoire de l'extrême (Éd. Le Télégramme - 2011)
Roscoff - Île de Batz (Éd. Le Télégramme - 2011)
Abers (Éditions Géorama - 2009)
Saint-Malo (Éd. Le Télégramme - 2009)
Concarneau (Éd. Le Télégramme - 2009)
Bretagne panoramique (Éd. Play Bac - 2006)
Brest métropole océane (Éd. ActYs - 2008)
Finistère, au début du monde (Éd. Cargo noir - 1996)

Dans la même collection aux Éditions Géorama :

Les Boucles de la Seine (William Fautré)
Abers (Hervé Quéméner & Jean-Yves Guillaume)
Les Monts du Lyonnais (Sergio Cozzi)
Trégor (Erwan Chartier-Le Floch & Jean-Yves Guillaume)
Rêver Ouessant (Jacques Poullaouec & Hervé Inisan)

Me[illegible]

L'av[illegible]ure de la Bible

Illustrations de Peter Dennis

Traduit et adapté par Renée Rey

EXCELSIS

Remerciements
Nous exprimons notre reconnaissance aux organismes qui nous ont autorisés à publier les extraits suivants :
Hodder et Stoughton, pour le témoignage de Cliff Richard, tiré de *You, Me and Jesus* ;
Campus pour Christ, pour les autres témoignages ;
Alliance Biblique Universelle pour le verset de Jean 3.16 en différentes langues, tiré du livret *The Story of Bible Translation* ;
Alliance Biblique Universelle, en particulier Hilary Morgan, du Bureau de l'Information ;
La Société des Traducteurs de la Bible Wycliffe, en particulier Brian Fewings, du Département de la Communication.

Les illustrations d'enfants des pages 1, 2 et 20 sont de D'reen Neeves.

Les photographies sont de :
British Museum (Pierre de Rosette, p. 6 ; le Codex Sinaïticus, p. 7) ; British Library (Manuscrit enluminé, p. 11 ; page de titre de la Bible Coverdale, p. 14) ; BBC Hulton Picture Library (Atelier de Gutenberg, p. 12) ; Sonia Halliday Photographs (La rosace de Notre-Dame, p. 11) ; le Musée israélien (Manuscrit d'Ésaïe, p. 8) ; Lion Publishing – David Alexander (Les grottes de Qumrân, p. 8).

EXCELSIS
Boîte Postale 11
26450 Cléon d'Andran
Télécopieur : 04 75 90 43 18

ISBN : 2-911260-39-2

Dépôt légal : Juillet 1997

Conforme à la loi n°29-956 du 16 juillet 1949
sur les publications destinées à la jeunesse.

Imprimé en Malaisie

LE LIVRE LE PLUS ÉTONNANT DU MONDE 1

La Bible est probablement le livre le plus connu du monde.

Lorsqu'en 1976, on publia une nouvelle traduction anglaise de la Bible, la demande fut telle qu'il fallut en éditer vingt et une éditions rien que la première année. Ce fut un record. En 1979, elle avait atteint les soixante millions d'exemplaires et battu le record du monde des ventes de livres de poche. Il est évident que la Bible a encore quelque chose à dire au monde d'aujourd'hui.

Notre présent livre raconte l'histoire de la Bible et explique les raisons de sa popularité. Nous verrons aussi ce qu'il y a à l'intérieur de ce livre, et comment s'y retrouver.

L'histoire de la Bible s'étend sur plus de quatre mille ans de l'histoire du monde. Toutes sortes de gens, d'époques, de races et d'arrière-plans différents y ont été mêlés. Des hommes ont discuté et se sont battus à propos du message de la Bible. Elle a changé des nations entières et la vie d'innombrables individus. Des hommes et des femmes ont été prêts à mourir afin qu'elle soit répandue le plus largement possible. Cette histoire est vraiment remarquable et passionnante !

DES FAITS ET DES CHIFFRES

La Bible est mentionnée trois fois dans le *Livre des Records de Guinness* :

- C'est le premier livre à avoir été imprimé mécaniquement.
- L'un des 21 livres qui subsiste de ce premier tirage, et qui est appelé la Bible de Gutenberg, est le livre imprimé le plus cher qui ait jamais été vendu. Il a atteint 1 265 000 £ (soit 12 650 000 F) aux enchères en 1978.
- La Bible est aussi le livre le plus largement répandu dans le monde, avec 2 500 000 000 exemplaires de 1815 à 1975.

La Société Biblique indique qu'en une année :

- plus de dix millions de Bibles sont vendues dans le monde ;
- quatre cent millions de portions de la Bible sont distribuées.

Depuis l'invention de l'imprimerie, des livres entiers de la Bible ont été publiés en plus de 1 800 langues et dialectes différents. Mais il reste plus de deux cent millions d'hommes dans le monde aujourd'hui qui ne possèdent pas encore la Bible dans leur langue.

De tous les livres de l'Antiquité la Bible est celui qui est le mieux attesté. Nous possédons environ 13 000 exemplaires manuscrits d'extraits du Nouveau Testament.

TABLE DES MATIÈRES

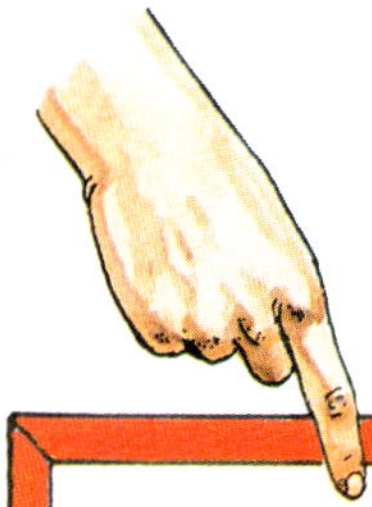

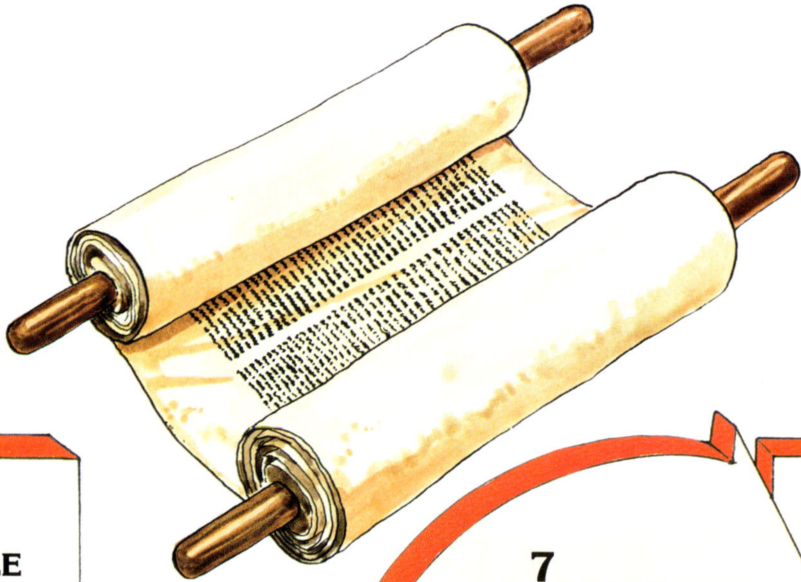

CE QU'EST LA BIBLE

Ce qui surprend d'abord dans la Bible, c'est qu'il ne s'agit pas d'un seul livre. Ce livre n'a pas été écrit par une seule personne. C'est toute une bibliothèque !

La Bible utilisée aujourd'hui contient un ensemble de livres écrits par des gens très différents sur une période qui couvre environ 2000 ans. On y trouve des récits authentiques et des paraboles, des chants et des poèmes, des lois et des règlements, des sermons et des lettres, des événements historiques et des prédictions pour l'avenir.

L'ordre des livres de l'AT, tel qu'il est indiqué sur le dessin ci-contre est celui généralement adopté dans nos Bibles. Mais les mêmes livres sont parfois classés dans un ordre différent. D'autre part, certaines éditions incluent une dizaine de livres dits « deutérocanoniques ».

La Bible est divisée en deux parties : l'Ancien et le Nouveau Testament. L'AT est à peu près deux fois plus long que le Nouveau. Il parle du peuple choisi par Dieu, Israël, et nous conduit de l'origine des temps jusqu'au jour amer où, des siècles plus tard, il fut conquis et déporté à Babylone, puis jusqu'au jour où les exilés revinrent dans leur pays.

Ensuite il y a une coupure de plusieurs siècles dans le récit. Le Nouveau Testament commence à la naissance de Jésus. Il parle de sa vie et de l'extension de l'Église chrétienne après sa mort et sa résurrection.

Les Livres de la Loi

Les cinq premiers livres constituent le pentateuque, mot qui signifie « cinq rouleaux ». Il s'agit en réalité d'un seul livre divisé en cinq parties. Il contient l'histoire du peuple de Dieu d'Abraham à Joseph, avec, en introduction, le récit de la création du monde et du développement de la civilisation sur la terre. Il inclut aussi les lois données par Dieu, qu'on appelle les dix commandements, et les instructions détaillées pour la vie quotidienne. Les Juifs l'appellent « le Livre de la Loi » ou « Torah ».

Livres historiques de l'Ancien Testament

Les livres suivants relatent des événements significatifs, depuis l'époque de Josué et sa célèbre bataille de Jéricho, jusqu'à la défaite du peuple de Dieu devant les Babyloniens et les Perses, s'achevant avec leur retour de l'exil.

La Poésie et la Sagesse

Viennent ensuite des livres de poésie et de sagesse, qui contiennent certains écrits très célèbres. Job est une œuvre dramatique ; les Psaumes sont des poèmes et des chants de louange. Les Proverbes et l'Ecclésiaste contiennent des sentences sages et le Cantique des Cantiques un poème d'amour.

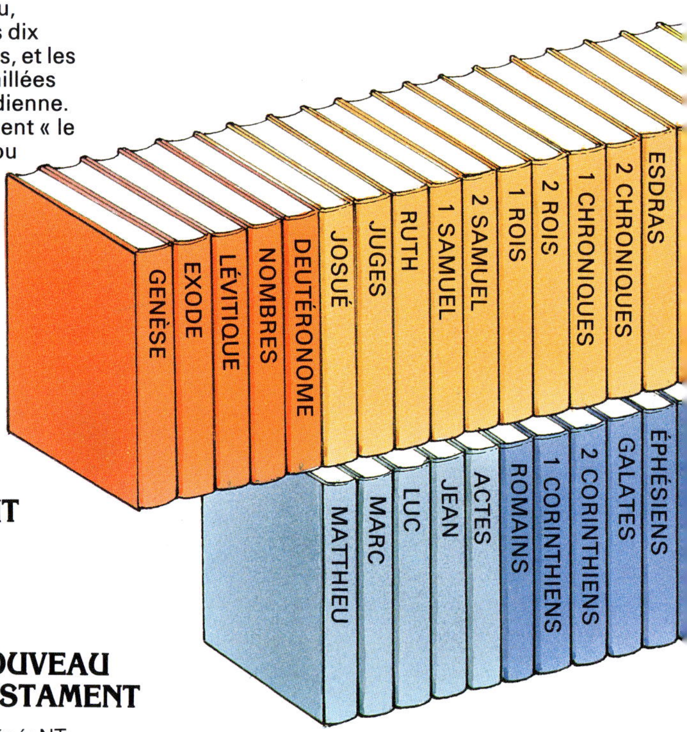

ANCIEN TESTAMENT

abrégé: AT

NOUVEAU TESTAMENT

abrégé: NT

Livres historiques du Nouveau Testament

On appelle les quatre premiers livres du Nouveau Testament les « évangiles », ce qui signifie « bonne nouvelle ».

Le but de leurs quatre auteurs était de raconter la vie de Jésus et de rappeler ses paroles avant que ne disparaissent ceux qui l'avaient vu et connu, afin que les gens puissent disposer d'un récit exact, fondé sur les déclarations des témoins oculaires.

Luc (le médecin grec qui accompagna Paul dans ses voyages) a également raconté dans le livre qu'on appelle les Actes des Apôtres, de quelle manière le christianisme s'est propagé.

Les Lettres

Un ensemble de vingt-et-une lettres constitue le reste du Nouveau Testament. Elles ont été écrites par des responsables chrétiens (treize d'entre elles par Paul) aux églises qui surgissaient

Les Prophètes

Les derniers livres de l'Ancien Testament sont ceux des prophètes. Ils rapportent les messages importants prêchés par certains hommes appelés par Dieu pour parler à son peuple. Les prophètes encouragèrent les gens à adorer Dieu et les avertirent d'un châtiment s'ils désobéissaient et se tournaient vers les idoles. Dieu rendit certains de ces prophètes capables de discerner l'avenir et d'annoncer ce qui arriverait plus tard.

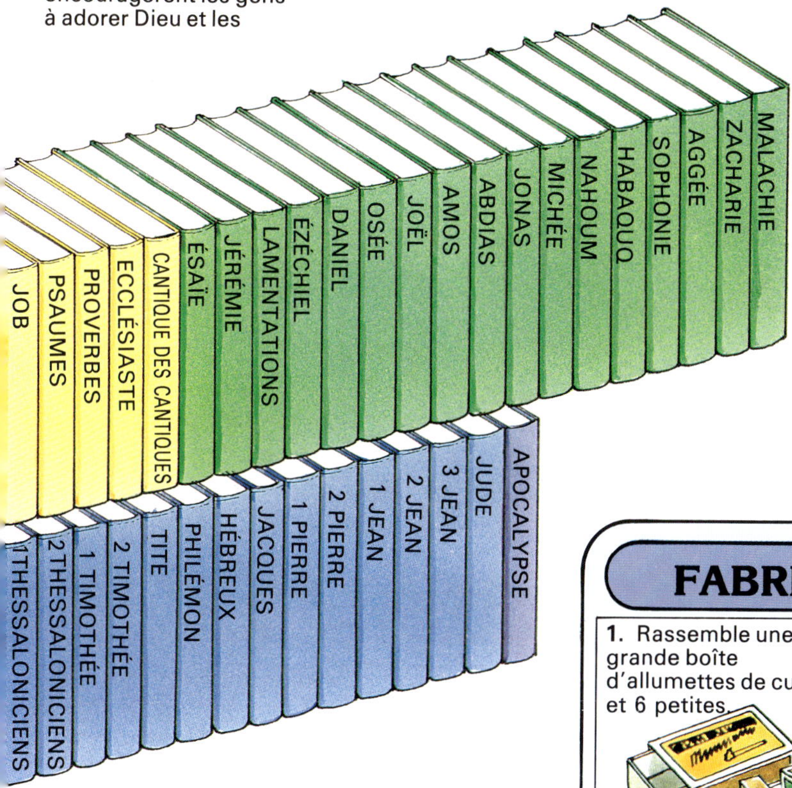

à travers tout le Moyen-Orient. Elles contiennent des enseignements, des encouragements et des salutations personnelles chaleureuses, de même que des critiques acerbes contre les erreurs des chrétiens.

L'Apocalypse

Le dernier livre est particulier. Écrit dans un langage poétique et imagé, il rapporte une série de visions de l'avenir qui devaient encourager et inspirer les premiers chrétiens face aux persécutions romaines.

LA PAROLE DE DIEU

La Bible est différente de n'importe quel autre livre pour une raison très importante. C'est à la fois l'œuvre de beaucoup d'auteurs différents et de Dieu lui-même. La Bible dit qu'elle est « soufflée par Dieu ». Nous employons le terme « inspirée ». Cela ne signifie pas que Dieu a dicté ses mots aux écrivains, mais qu'il les a inspirés ou les a poussés à écrire la vérité.

Par conséquent, on peut se fier aux paroles de la Bible, et son message a une puissance particulière pour parler aux gens d'âges et d'apparences très différents. C'est pourquoi on appelle souvent la Bible la Parole de Dieu.

FABRIQUE TA BIBLIOTHÈQUE

1. Rassemble une grande boîte d'allumettes de cuisine, et 6 petites.

2. Recouvre 3 faces de chaque petite boîte avec du papier adhésif de couleur, comme une couverture de livre.

3. Coupe 6 bandes étroites de papier blanc et colle-les sur 3 côtés de chaque boîte. Trace des lignes pour figurer les pages.

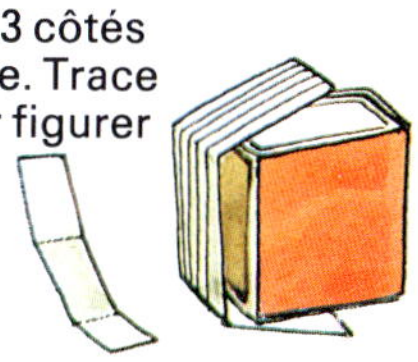

4. Écris sur l'extérieur les différents genres de livres bibliques : Loi, Histoire, Poésie et Sagesse, Prophètes, Évangiles et Actes, Lettres et Apocalypse.

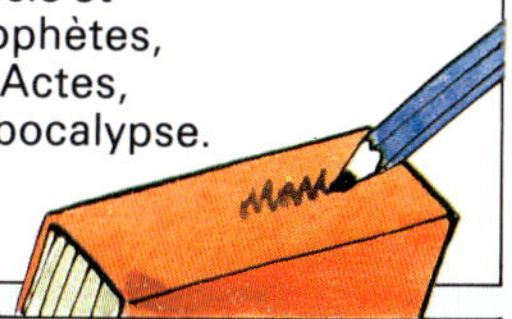

5. Recouvre le tiroir de la grande boîte d'allumettes avec du papier adhésif brun.

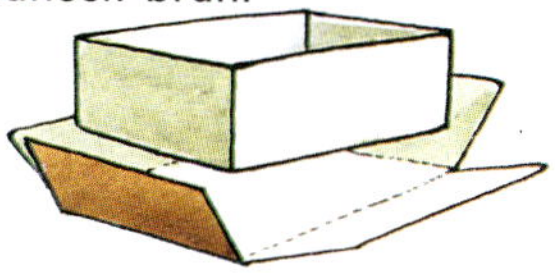

6. Mets une étiquette « Bibliothèque de la Bible » et introduis les livres.

CEUX À QUI DIEU FIT CONFIANCE

Il eût été facile pour Dieu de choisir une personne et de lui dicter tous les faits qui concernent ce monde où nous vivons, ainsi qu'une longue liste de règles indiquant comment vivre.

Mais Dieu n'agit pas de cette manière : il agit à travers des gens. Il choisit des individus ou des groupes et œuvre dans leurs vies, afin qu'ils apprennent de précieuses vérités le concernant, par les choses qui leur arrivent.

Les récits de leurs expériences et des leçons qu'ils ont apprises ont été mis par écrit et transmis d'une génération à l'autre. En les lisant, nous voyons Dieu agir dans des situations réelles.

La grande variété de personnes décrites dans la Bible démontre clairement que Dieu s'intéresse à tous, quelle que soit leur apparence. Voici l'histoire de quelques-uns de ceux à qui Dieu confia son message.

QUELQUES AUTEURS DE L'ANCIEN TESTAMENT

Moïse

Le peuple de Dieu était esclave en Égypte quand Moïse naquit. Les garçons nouveau-nés israélites devaient être tués, aussi ses parents le cachèrent-ils dans un panier sur les bords du fleuve.

Il fut sauvé par une princesse égyptienne et élevé au palais. C'est ainsi que Dieu prépara un chef pour son peuple.

Quand Moïse fut devenu un homme, Dieu lui dit qu'il l'avait choisi pour mener les Israélites hors d'Égypte et jusqu'en Canaan, dans le pays que Dieu leur avait promis.

C'est à Moïse que Dieu donna la Loi, qui fait partie des cinq premiers livres de la Bible.

David

L'histoire de David est dramatique. Berger dans son jeune âge, il fut choisi par Dieu pour devenir roi d'Israël. David se révéla être un soldat courageux et un grand roi. Il fut aussi un poète et un musicien doué, qui écrivit près de la moitié des psaumes de la Bible.

Ésaïe, Jérémie et Ézéchiel

Ce sont trois des prophètes à qui Dieu donna un message dans des temps de crise. Ils exhortèrent les gens à revenir à Dieu lorsqu'ils adoptaient des pratiques païennes ou s'effrayaient devant les envahisseurs étrangers. Les derniers prophètes encouragèrent le peuple en exil, et lui donnèrent un nouvel espoir pour l'avenir, l'espoir d'un libérateur qui viendrait leur offrir un nouveau départ.

Esdras et Néhémie

Esdras était un prêtre qui enseigna la Loi à l'époque où la plus grande partie du peuple de Dieu se trouvait encore à Babylone, sous l'autorité des rois perses. Dieu l'appela à conduire le peuple lors de son retour au pays natal, à reconstruire le temple et à persuader chacun de recommencer à adorer le Seigneur.

Néhémie avait des fonctions importantes à la cour du roi. Il raconte comment Dieu l'appela à retourner à Jérusalem et à réparer la ville en ruine.

QUELQUES AUTEURS DU NOUVEAU TESTAMENT

Matthieu
Matthieu vécut à la même époque que Jésus. Il était collecteur d'impôts, collaborant avec les Romains et ramassant l'argent pour eux. Le peuple le haïssait. Jésus le vit au travail et l'appela à être son disciple. Matthieu quitta tout pour suivre Jésus. Plus tard, il écrivit ce qu'il savait de Jésus dans l'évangile qui porte son nom.

Marc
Jean-Marc était un jeune homme quand Jésus et ses disciples se réunissaient dans la maison de sa mère à Jérusalem. Il les regardait et écoutait sans doute leur enseignement. Il a peut-être assisté à la crucifixion. Il devint chrétien et accompagna Pierre et Paul dans leurs voyages missionnaires. Quand il écrivit son évangile, Marc s'appuya probablement sur les souvenirs de Pierre.

Luc
Luc était un médecin de langue grecque qui voyagea avec Paul. Il fit des recherches minutieuses sur la vie de Jésus et sur l'histoire de l'église primitive, rapportées dans son évangile et dans les Actes des Apôtres. Il voulait expliquer la foi chrétienne à ceux qui n'étaient pas juifs dans le monde d'alors.

Jean
Jean et son frère Jacques travaillaient dans la petite entreprise de pêche de leur père. Ils étaient probablement disciples de Jean-Baptiste, avant de le quitter pour suivre Jésus. Jean faisait partie des intimes de Jésus. Il devint plus tard un chef de l'Église. Il écrivit l'évangile de Jean, plusieurs lettres et l'Apocalypse.

Pierre
Pierre et son frère André, de même que Jacques et Jean, étaient pêcheurs sur le lac de Galilée, et ils rejoignirent Jésus au début de son ministère. Pierre devint rapidement le chef des douze disciples, et plus tard l'un des chefs de l'Église de Jérusalem. Le Nouveau Testament compte deux lettres de Pierre.

Paul
Au départ, Paul était fortement opposé à Jésus. C'était un homme très instruit, exerçant des responsabilités dans les milieux juifs. De plus, il était citoyen romain. Il était en route pour persécuter les chrétiens quand il vit Jésus ressuscité. À partir de ce moment-là, il devint un fervent disciple et un missionnaire dans tout le monde romain. Ses nombreuses lettres représentent une part importante du Nouveau Testament.

L'HISTOIRE DE L'ANCIEN TESTAMENT

L'Ancien Testament débute ainsi : « Au commencement, Dieu créa l'univers... »

Adam et Ève habitaient le jardin d'Éden, en harmonie avec Dieu. Mais ils voulurent s'émanciper et vivre à leur idée. Ce fut la « chute » dans le péché...

Noé et les siens échappèrent au déluge en construisant une arche.

Avec la **tour de Babel**, les gens tentèrent d'atteindre Dieu. Mais il en résulta une grande confusion, et les langues se différencièrent.

2000 av. J.-C.

Dieu appela **Abraham** à quitter sa ville natale et promit de faire de lui le fondateur d'une nouvelle nation.

Cette tour, appelée ziggourat, fut construite par le roi de Ur à peu près à l'époque d'Abraham.

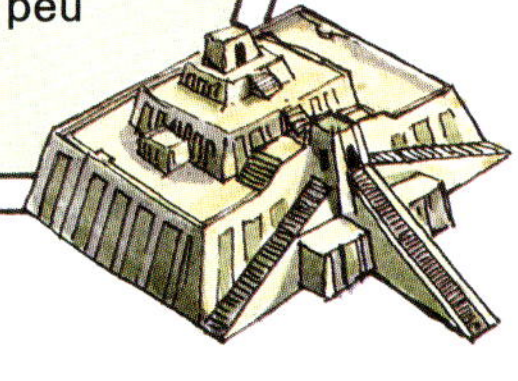

1800 av. J.-C.

Jacob (Israël) eut douze fils qui devinrent les ancêtres des douze tribus d'Israël.

La civilisation **égyptienne** remonte jusqu'à 3000 av. J.-C. Les peintures, inscriptions et modèles trouvés dans les tombes nous donnent une idée assez précise de la culture égyptienne.

Joseph fut vendu comme esclave, mais devint Premier Ministre de l'Égypte.

1750-1250 av. J.-C.

Les Israélites furent **esclaves en Égypte** pendant 400 ans.

C'est probablement **Ramsès II**, roi d'Égypte, qui laissa partir Moïse et son peuple.

Moïse fut sauvé par la princesse d'Égypte et élevé au palais.

1250 av. J.-C.

Moïse conduisit le peuple hors d'Égypte, à travers le désert du Sinaï, jusqu'à la frontière de Canaan. Dieu lui donna les **Dix Commandements**.

Conduits par **Josué**, les Israélites envahirent Canaan et prirent possession peu à peu de leur « terre promise ».

Les **Juges**, dont Débora, Gédéon et Samson le fort, dirigèrent Israël qu'ils libérèrent de ses ennemis.

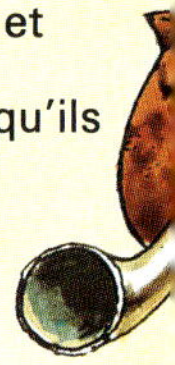

Les Philistins, appelés « Peuples de la Mer » à cause de leurs villes dans la plaine côtière, étaient d'habiles forgerons.

1050 av. J.-C.

Les Israélites demandèrent un roi. **Saül** fut oint par le prophète Samuel.

L'enfant rendu à Dieu par sa mère Anne devait être un jour le prophète **Samuel**.

1000 av. J.-C.

Le jeune berger **David** devint le plus grand roi d'Israël, après avoir vaincu le Philistin Goliath.

950 av. J.-C.

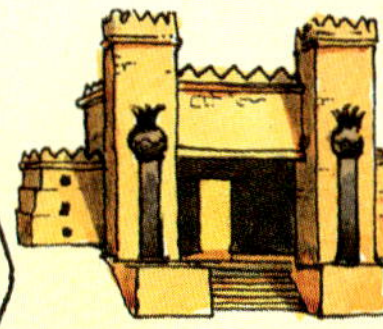

Le **roi Salomon** réalisa le rêve de son père : bâtir un temple pour Dieu à Jérusalem.

900 av. J.-C.

À la mort de Salomon, le royaume fut déchiré par une **guerre civile**. Le sud, dirigé par un fils de Salomon, s'appellera **Juda**, le nord, **Israël**.

850 av. J.-C.

De bons et de mauvais rois se succédèrent dans les deux royaumes. Le peuple adorait des dieux étrangers.

750 av. J.-C.

Tiglath-Piléser III d'**Assyrie conquit Israël**.

Les Assyriens, combattants cruels, ont dominé plusieurs royaumes voisins, dont Israël et Juda. Des scènes de victoire sont sculptées sur les murs de leurs palais.

Dieu envoya des prophètes pour ramener le peuple vers lui. Mais les Assyriens s'emparèrent de Samarie. **Fin du royaume d'Israël**.

Le prophète **Jérémie** appela les habitants de Juda à revenir à Dieu.

600 av. J.-C.

Nabuchodonosor II de Babylone s'empara de **Jérusalem**. Juda fut emmené en exil.

Les **Babyloniens** conquirent l'empire assyrien à partir de 612 av. J.-C. Le roi Nabuchodonosor II s'empara de Jérusalem en 586 et emmena le peuple en exil.

550 av. J.-C.

Daniel fut déporté à la cour de Babylone. **Ézéchiel** encouragea les exilés.

500 av. J.-C.

Les **Juifs** furent autorisés à **rentrer** et à reconstruire le temple.

L'empire babylonien fut conquis par le roi Cyrus de Perse.

Le vaste **empire perse** s'étendait depuis l'Inde à l'est, jusqu'à l'Égypte et la Grèce à l'ouest. Quand le roi perse Cyrus s'empara de l'empire babylonien en 539 av. J.-C., il permit aux Juifs de rentrer à Jérusalem et de reconstruire le temple.

Sous **Néhémie**, on reconstruisit les murs de Jérusalem.

350 av. J.-C.

Sous Alexandre le Grand, **les Grecs** conquirent l'empire perse en 333 av. J.-C., bâtirent des villes et des théâtres ; la culture grecque se répandit dans tout le monde connu.

La Judée dominée par : les Grecs de 331 à 320, les Égyptiens de 320 à 198, les Syriens de 198 à 63.

En 63 av. J.-C., Pompée s'empara de Jérusalem, qui tomba sous la domination romaine.

L'HISTOIRE DU NOUVEAU TESTAMENT

Depuis 300 ans, le peuple d'Israël souffrait sous des dominations étrangères : d'abord les Grecs, qui apportèrent leur culture et leur civilisation, puis les maîtres de l'Égypte et de la Syrie, enfin les Romains qui contrôlèrent le pays à partir de 63 av. J.-C.

Le peuple de Dieu soupirait après un sauveur. En dépit de la guérilla et des mouvements de résistance, nul n'était parvenu à le libérer. Quand Dieu accomplirait-il sa promesse de le délivrer, ainsi que les prophètes l'avaient prédit ?

Les chrétiens doivent-ils encore affronter les lions ?

Seulement les dompteurs chrétiens !

L'enfant **Jésus** naît à Bethléem. Marie, sa mère, est fiancée à Joseph. Dieu dit aux bergers et aux mages que Jésus est le Roi-Sauveur promis.

0

À la mort du **roi Hérode**, ses trois fils se partagent le pays.

20 ap. J.-C.

Jean-Baptiste annonce la venue de celui que Dieu avait promis. Jean est décapité par Hérode Antipas.

Jésus commence à prêcher et à enseigner. Durant trois années qui vont changer le monde, il annonce le Royaume de Dieu et manifeste la puissance de Dieu pour guérir et pardonner : les hommes peuvent commencer une vie nouvelle.

Jésus va affronter la mort à Jérusalem. Il est condamné pour s'être proclamé Dieu, et il est crucifié. Trois jours plus tard, la tombe est vide et Jésus apparaît, vivant, à beaucoup de ses disciples.

30

Paul, le persécuteur acharné, devient disciple de Jésus, et répand la bonne nouvelle du pardon et de la vie nouvelle dans tout le monde romain.

60

Paul, prisonnier, est transféré à Rome. Il écrit de nombreuses lettres aux jeunes églises.

70

Jérusalem est saccagée par les Romains en 70. De nombreux Juifs sont massacrés. Les chrétiens fuient.

80

L'Église primitive est persécutée sous l'empereur Domitien.

100

Mort de l'apôtre Jean, vers l'an 100.

L'Église se multiplie rapidement, survit aux persécutions et grandit en force et en maturité.

LE MONDE DU NOUVEAU TESTAMENT

Le monde du premier siècle était prêt à recevoir la bonne nouvelle de Jésus.

L'empire grec, bâti par Alexandre le Grand, avait permis à la civilisation de gagner tout le monde connu. Le grec devint une langue courante commune à toutes les nations.

Après des années de guerre, les Romains enlevèrent aux Grecs le commandement de l'empire. César Auguste établit la paix et un gouvernement sévère mais équitable. Les Romains étaient un peuple travailleur et organisé. Ils construisirent un excellent réseau de routes à travers tous les territoires conquis. Les gens — et leurs idées — pouvaient dorénavant circuler librement et rapidement.

Les temps étaient mûrs aussi pour de nouvelles idées. Les religions grecque et romaine s'étaient avérées vides et formelles. Les Juifs attendaient impatiemment le Messie qui les libérerait des Romains.

Des groupes de Juifs dispersés à travers l'empire servirent de point de départ naturel, pour les premiers prédicateurs chrétiens. Ils firent bon usage des nouvelles et excellentes routes romaines et d'une situation de paix et de stabilité pour répandre la foi.

De splendides vases grecs étaient souvent peints de scènes de la vie quotidienne.

Les soldats romains étaient en garnison dans tout l'empire pour maintenir la paix.

Les Romains construisirent, en alternant des couches de gravier et de rochers, des routes qui devaient durer longtemps, certaines même jusqu'à nos jours.

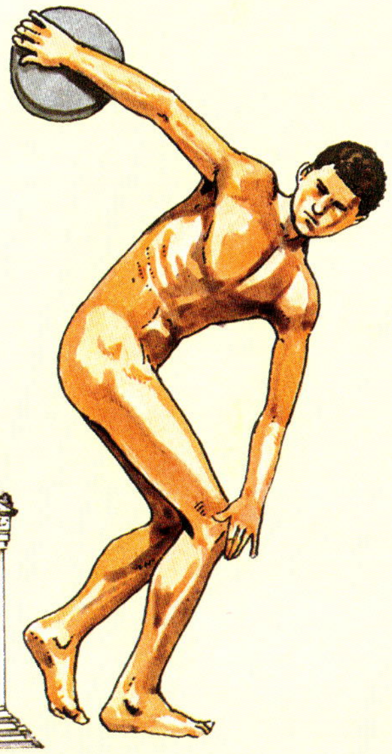

Les Grecs aimaient les compétitions athlétiques. À l'origine, les jeux olympiques étaient une fête en l'honneur du dieu Zeus.

Le Parthénon d'Athènes (reconstitué ici) rappelle la grandeur de la civilisation grecque.

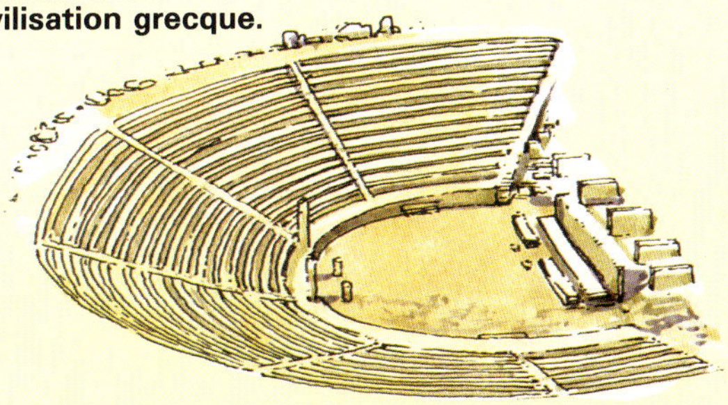

La plupart des grandes villes à l'époque du Nouveau Testament possédaient un théâtre, héritage de la culture grecque.

Voici les hommes qui régnèrent à Rome à l'époque du Nouveau Testament :

 César-Auguste (27 à 4 av. J.-C.) était empereur à la naissance de Jésus

 Tibère (14-37) était empereur lors de la crucifixion de Jésus

 Caligula (37-41)

 Claude (41-54), empereur à l'époque des voyages de Paul

 Néron (54-68) fit tuer de nombreux chrétiens

 Galba/Otho/Vitellius (68-69)

 Vespasien (69-79)

 Titus (79-81)

 Domitien (81-96) persécuta l'Église

LES DÉBUTS DE L'ÉCRITURE

Le besoin de transmettre des messages, de dresser des listes, d'enregistrer des promesses et plus généralement de laisser notre marque sur les choses, est aussi vieux que la civilisation. C'est pourquoi l'histoire du développement de l'écriture remonte aux temps anciens, bien avant l'invention de l'alphabet.

1. Il y a environ 30 000 ans, nos ancêtres préhistoriques peignaient sur les murs de leurs cavernes des scènes représentant des hommes, des animaux et des oiseaux. On trouve des exemples de ces premiers essais d'écriture dans le monde entier, depuis l'Europe jusqu'en Australie.

2. Alors que la civilisation se développe, on commence à utiliser d'une manière plus organisée des tracés rudimentaires d'objets pour créer une écriture figurative simple.

3. Il y a environ 5000 ans, les Égyptiens de l'Antiquité utilisèrent les magnifiques dessins stylisés des hiéroglyphes qu'on peut voir encore aujourd'hui sur leurs tombes et leurs monuments.

4. Les Babyloniens firent évoluer les dessins en des formes simplifiées faciles à imprimer dans l'argile molle à l'aide d'un bâtonnet en forme de coin. C'est ce que nous appelons l'écriture cunéiforme.

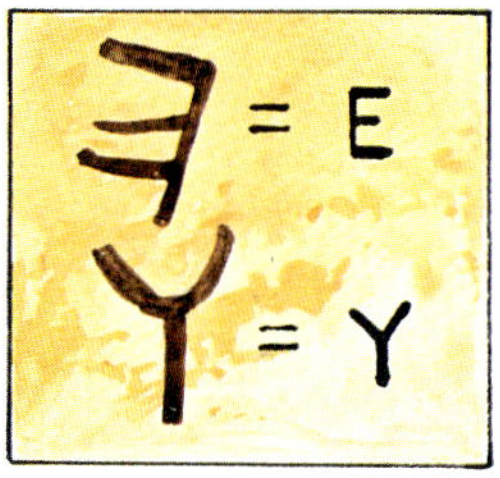

5. L'importante étape suivante semble se situer en Canaan où un scribe ingénieux eut l'heureuse idée de l'alphabet. Il découvrit que sa langue pouvait se réduire à environ vingt sons simples. Il attribua un signe à chaque son, signe généralement choisi à partir d'un mot qui commençait avec ce son. Au début on n'écrivit pas les voyelles.

Le premier alphabet eut tellement de succès qu'il se répandit rapidement ; et vers 1000 avant J.-C. de nombreux peuples l'avaient adapté à leur propre langue, y compris les Hébreux de l'Ancien Testament.

L'ALPHABET ÉVOLUE

Nous considérons notre alphabet comme acquis, comme s'il avait toujours existé tel quel. Mais les lettres ont une longue histoire. Celles que nous utilisons aujourd'hui se sont développées il y a des milliers d'années dans des pays très éloignés du nôtre. Prenez la lettre A par exemple.

1. Elle commença avec la tête d'un bœuf.

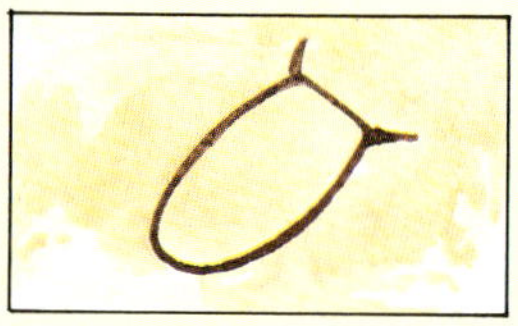

2. En écriture figurative stylisée, elle fut simplifiée comme ceci.

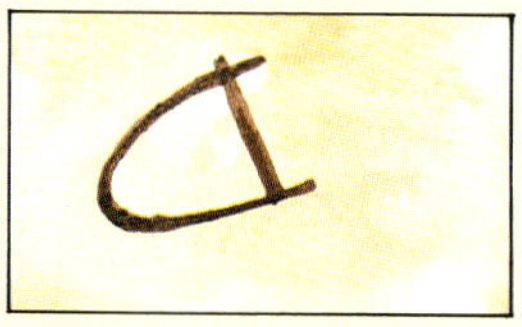

3. Le plus ancien alphabet de Canaan utilisait la forme du bœuf pour la lettre représentant le son « a ».

4. Dans l'écriture plus rapide des Phéniciens, elle se transforma.

5. Lentement elle devint la lettre Alpha des Grecs.

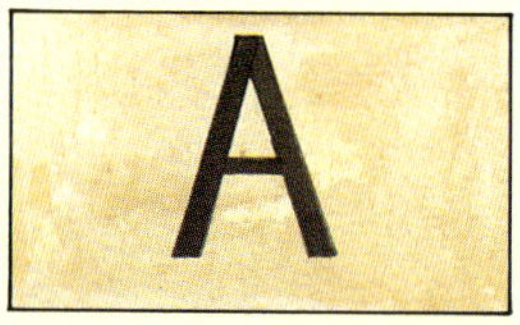

6. Les Romains la firent évoluer à partir du grec : c'est la lettre que nous utilisons aujourd'hui.

LA PIERRE DE ROSETTE

En 1799, Napoléon conduisit une expédition en Égypte. Là-bas, un de ses hommes déterra accidentellement une large pierre recouverte d'écriture. Ce fut probablement la découverte la plus importante de toute l'histoire de la traduction, parce qu'elle contenait la clef qui permettait de déchiffrer la langue égyptienne.

Il se révéla que le texte était un décret royal rédigé trois fois : en deux écritures égyptiennes différentes, et en grec.

Il fallut 23 ans aux spécialistes, dont le Français Champollion, pour déchiffrer l'égyptien : le monde de cette antique civilisation s'ouvrait enfin à nous.

LES LANGUES DE LA BIBLE

Bien entendu, la Bible n'a pas été écrite en français. Comme elle a été constituée au cours de milliers d'années par des peuples différents, elle fut rédigée en plusieurs langues.

L'Hébreu

La plupart des textes de l'Ancien Testament furent rédigés en hébreu, la langue des descendants d'Abraham.

L'alphabet hébreu compte vingt-deux lettres mais pas de voyelles (on les représenta plus tard par un système de points).

L'Araméen

Une partie du livre de Daniel a été écrite en araméen. Proche de l'hébreu, c'était la langue officielle de l'empire perse, largement utilisée ailleurs pour le commerce et la diplomatie. À l'époque du Nouveau Testament, l'araméen était la langue populaire en Palestine, et Jésus a dû la parler. Les villageois de Malloula en Syrie l'utilisent encore aujourd'hui.

Le Grec

Le Nouveau Testament fut rédigé en grec courant, la langue de la vie quotidienne, largement employée dans tout l'est de l'empire romain.

DÉCHIFFRE LE CODE

1. Une nuit un objet métallique s'est écrasé sur la terre. Un message y est écrit en deux langues. La première est un étrange ensemble de symboles. Tu reconnais la deuxième, c'est du français.

2. Utilise cette pierre pour remplir les cases de l'alphabet nécessaires pour comprendre le message secret.

A	B	C	D	E	F	G	H	I	J	K	L	M	N	O	P	Q	R	S	T	U	V	W	X	Y	Z

3. Maintenant tu peux traduire le message secret ci-dessous.

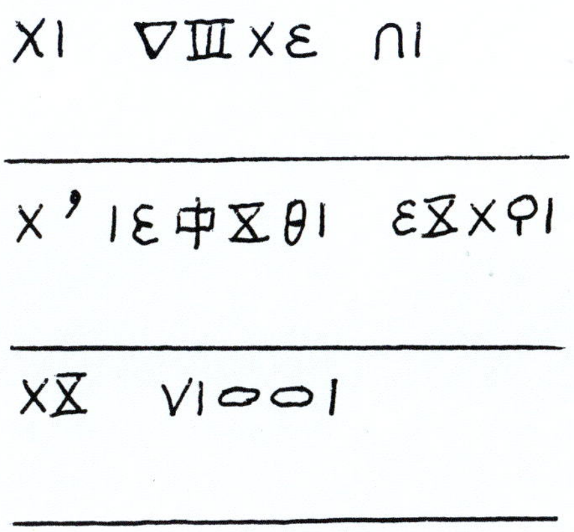

DE L'ARGILE AUX LIVRES

Avec l'invention de l'écriture, il devint possible de conserver des récits et des informations pour l'avenir.

Des milliers de textes de l'époque biblique, et même antérieurs, sont parvenus jusqu'à nos jours. C'est en les déchiffrant que nous avons appris l'essentiel de ce que nous savons sur l'Antiquité.

Ces textes étaient écrits sur toutes sortes de matériaux. Les Babyloniens utilisaient de petites tablettes d'argile, les Égyptiens, des papyrus. Des inscriptions importantes étaient gravées dans la pierre, sur les murs des palais ou peints sur les parois des tombes.

Finalement, les encombrantes tablettes d'argile et les rouleaux de papyrus cédèrent la place à des présentations plus pratiques. Au moment où les premiers chrétiens voulurent répandre le nouveau message, on connaissait un ancêtre de nos livres, très semblable à ceux d'aujourd'hui.

L'HISTOIRE DU LIVRE

La première forme de papier était fabriquée à partir des tiges d'un roseau appelé **papyrus**. On coupait les tiges intérieures molles et on les posait côte à côte sur une surface dure, puis une autre couche de tiges était posée perpendiculairement dessus. On collait alors les deux couches ensemble en les frappant à l'aide de maillets.

Des **tablettes** de bois ou d'ivoire, déjà utilisées en Assyrie, devinrent très courantes chez les Grecs et les Romains. Cet ancêtre des ardoises de nos écoles était constitué d'une tablette de bois ou d'ivoire recouverte de cire pour écrire. Deux tablettes étaient souvent reliées par une charnière.

On obtenait des surfaces claires et lisses en nettoyant et en traitant des peaux de moutons et de chèvres. C'est ce qu'on appelait des **parchemins**.

Vers le IIe siècle de notre ère, on remplaça le rouleau par le « **codex** », un ensemble de pages généralement en peau qu'on pliait et attachait ensemble d'un côté. On y ajoutait parfois une couverture. Les chrétiens ont peut-être été les pionniers de ce livre primitif à cause de sa facilité de manipulation et de transport.

On découvrit rapidement qu'on pouvait frapper ensemble plusieurs feuilles de papyrus pour en faire de longues bandes qu'on roulait pour les ranger. Ces « **rouleaux** » étaient les livres à l'époque de l'Ancien Testament. On écrivait sur les rouleaux de droite à gauche (en hébreu et en araméen) ou de gauche à droite (en grec), en colonnes, et on continuait au dos s'il manquait de la place. Les gens écrivaient généralement à l'aide de pinceaux de roseau trempés dans de l'encre noire à base de suie.

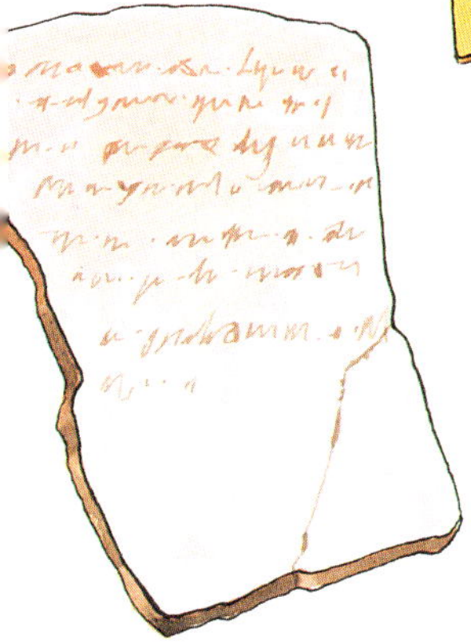

Le papyrus était cher. Pour le peuple, des morceaux de **poterie** cassée constituaient le support le plus courant pour l'écriture. On en trouvait toujours des quantités à proximité, et ces tessons rendaient de grands services pour les notes et les listes, les factures et les reçus. C'étaient les blocs-notes de l'Antiquité !

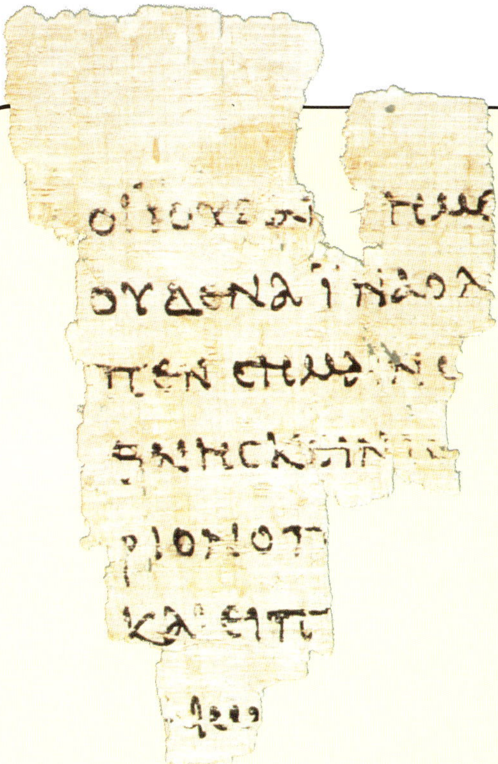

Le plus ancien fragment connu du Nouveau Testament est un extrait de l'évangile de Jean, écrit en grec sur du papyrus. Il date de 130 environ après J.-C.

Le Codex Sinaïticus, écrit en grec sur du parchemin, est le plus ancien manuscrit complet du Nouveau Testament. Il date du quatrième siècle.

FABRIQUE TON PROPRE ROULEAU SECRET

1. Coupe un morceau de papier ordinaire en une longue bande étroite.

2. À l'aide de papier adhésif, fixe une extrémité à une aiguille à tricoter ou à un bâton.

3. Roule le papier autour de l'aiguille et attache l'autre extrémité à une seconde aiguille.

4. Écris sur le papier quelque chose d'important ou de secret. Il ne reste plus qu'à enrouler et à sceller par un ruban.

LES SECRÉTAIRES DE DIEU

La profession de scribe ou de secrétaire devint très importante à partir du moment où les hommes laissèrent des traces écrites de leur histoire. Dans les temps reculés, seuls les scribes savaient lire et écrire.

Les scribes occupaient souvent des fonctions de premier plan à la cour, étant chargés de la tenue des documents officiels ; ils étaient hautement respectés.

Par la suite, davantage de gens apprirent à lire et à écrire, mais on avait encore besoin des scribes pour l'essentiel des travaux écrits.

La découverte des manuscrits de la Mer Morte a montré à quel point le travail des scribes était remarquablement précis et exact, puisque dans des textes recopiés pendant plus de mille ans, on ne relève que quelques très rares variantes par rapport aux textes originaux. La loi de Dieu et le récit de sa relation avec son peuple nous sont parvenus avec une parfaite exactitude grâce au travail des scribes.

LA VIE D'UN SCRIBE

Dans toutes les villes, le scribe était un homme important. Il remplissait approximativement les fonctions des avoués et des notaires d'aujourd'hui. Il avait un « bureau » près de la porte de la ville, où s'effectuaient toutes les transactions commerciales. On pouvait l'embaucher pour rédiger un document légal ou un testament. Si quelqu'un avait besoin de faire écrire une lettre importante, le scribe pouvait la rédiger et l'envoyer.

D'autres scribes remplissaient leurs fonctions auprès du gouvernement. Ils dressaient des listes et consignaient des rapports, préparaient des comptes et travaillaient aux recensements et aux services des impôts. Les fonctionnaires de haut rang employaient des scribes comme secrétaires en permanence.

Ils avaient aussi la tâche importante de recopier les manuscrits. Recopier les Écritures, en particulier, était considéré comme une tâche sacrée. Il y avait des règles très strictes sur la manière de le faire, et les scribes prenaient grand soin d'éviter la moindre faute. Par sécurité, ils procédaient à plusieurs vérifications. Un scribe comptait le nombre de lignes et le comparait à celui de l'original. Toute détérioration survenue au texte était notée. Parfois un second scribe vérifiait entièrement la copie terminée.

Paroles de Jésus :
« Tant que le ciel et la terre subsisteront, il ne disparaîtra pas de la loi un seul iota ou un seul trait de lettre, jusqu'à ce que tout soit arrivé. »
MATTHIEU 5 : 18

Un « iota » (« y ») était la plus petite lettre de l'alphabet grec. Le trait de lettre dont il est question ici fait référence à la marque minuscule qui différenciait le « d » du « r » en hébreu.

LES MANUSCRITS DE LA MER MORTE

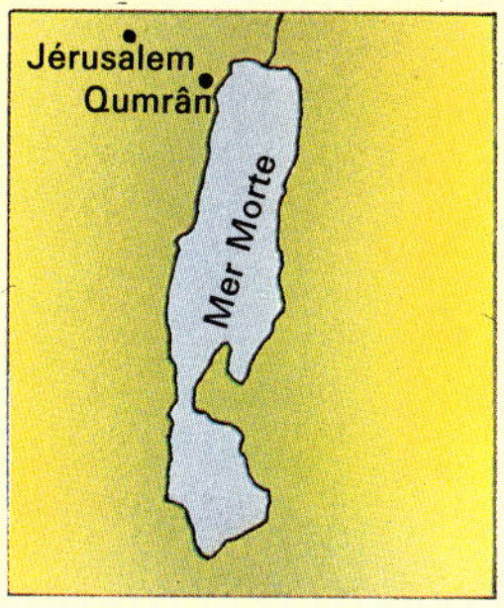

Site montagneux des grottes où furent retrouvés les manuscrits (vue aérienne).

Un après-midi de l'hiver 1946-1947, un heureux accident provoqua une des plus importantes découvertes de l'archéologie. Un berger qui gardait ses moutons dans les montagnes proches de la Mer Morte, remarqua un trou dans la paroi abrupte. Il jeta une pierre à l'intérieur, ce qui provoqua un bruit étrange. Il tenta l'exploration et découvrit une grotte où se trouvaient des jarres d'environ 60 cm de haut. Deux d'entre elles contenaient des rouleaux de cuir enveloppés d'étoffes de lin.

Mohammed, le berger, ne savait qu'en faire. Au début personne ne s'y intéressa. Mais quand les rouleaux parvinrent aux archéologues, quel enthousiasme ! Finalement, on retrouva des fragments d'environ 400 manuscrits, et la tribu du berger devint riche.

Une communauté secrète

Les rouleaux appartenaient à la bibliothèque d'une communauté religieuse juive qui habitait sur les bords de la Mer Morte, à l'époque de Jésus. Quand l'armée romaine envahit la Palestine en l'an 68 de notre ère, les membres de la communauté mirent leurs précieux manuscrits dans des jarres, et les hissèrent sur les hauteurs derrière leur quartier général. Ils les cachèrent dans des grottes naturelles à flanc de montagne.

Nouvel éclairage sur la Bible

Il y avait des exemplaires de tous les livres de l'Ancien Testament, sauf celui d'Esther, plus anciens de mille ans que tous les exemplaires connus jusque-là. Ils révélèrent ce fait remarquable, que très peu de variantes étaient survenues durant cette longue période de temps, et que les scribes avaient recopié ces manuscrits avec une grande précision.

On trouva aussi des livres sur la communauté de Qumrân elle-même. Ils éclairèrent la manière dont pensaient et vivaient les Juifs religieux très stricts de l'époque.

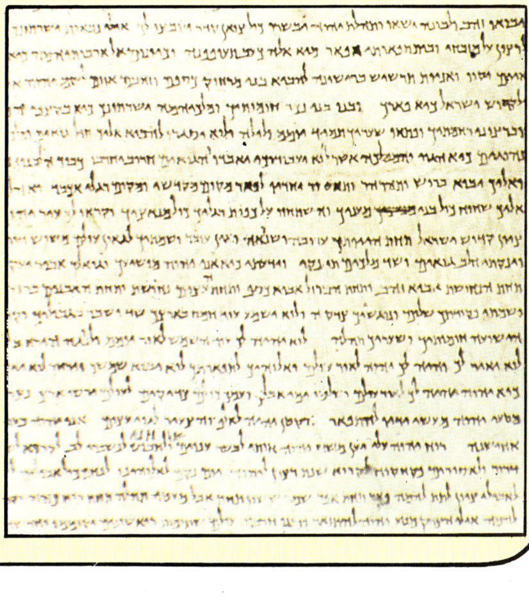

Cette page du livre d'Ésaïe retrouvée à Qumrân date de 2000 ans.

LA BIBLE EST CONSTITUÉE

L'ANCIEN TESTAMENT

C'est assez difficile de savoir comment les livres de l'Ancien Testament ont été écrits et rassemblés, parce que la plupart d'entre eux sont très anciens. Probablement furent-ils d'abord transmis de bouche à oreille avant d'être mis par écrit.

1 Dès les temps les plus reculés, on a mis par écrit et conservé les choses les plus importantes. Dans le livre de l'Exode on lit : « Dieu dit à Moïse d'écrire ceci sur un rouleau afin qu'on s'en souvienne... »

2 Moïse écrivit les instructions de Dieu dans « le livre de la Loi ». Ce livre fut ensuite remis aux prêtres qui devaient le conserver à côté du coffre de l'alliance ou « arche », dans la pièce sacrée au fond du tabernacle. Les dix commandements étaient gravés sur des tablettes de pierre de 45 × 30 cm environ, et gardés à l'intérieur de l'arche.

3 À partir de Samuel, on consigna par écrit les paroles et les écrits des prophètes pour les générations futures. On sait par exemple que le message de Samuel à propos des rois d'Israël était conservé dans le sanctuaire de Mitspa.

4 C'est probablement David qui a commencé le recueil de poèmes et de chants du livre des Psaumes, afin de les utiliser pour l'adoration au temple. Au fil des ans, d'autres psaumes furent ajoutés à son recueil.

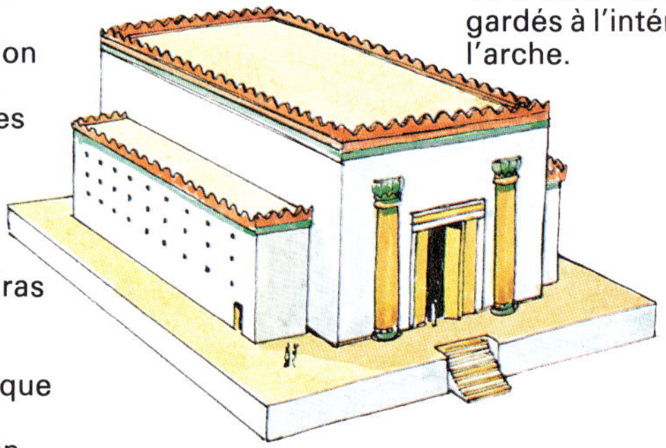

5 À l'époque d'Esdras et de Néhémie, au cours du Ve siècle av. J.-C., le Pentateuque était complet et son autorité reconnue. On rapporte que Néhémie a fondé « une bibliothèque où il rassembla les livres des rois et des prophètes, ceux de David, et les lettres des rois concernant leurs offrandes sacrées. »

6 Durant la période qui sépare l'Ancien du Nouveau Testament, un chef militaire juif, du nom de Judas Maccabée, « rassembla tous les livres qui avaient été perdus à cause de la guerre... » Il a vraisemblablement aussi mis en ordre la collection complète divisée en trois parties : la « Loi », les « Prophètes », et le reste.

7 À l'époque de Jésus, tous les livres de l'Ancien Testament étaient connus et acceptés. Finalement, le synode juif de Jamnia en 90 de notre ère leur donna son agrément. La Bible hébraïque utilisée de nos jours contient tous les livres de l'Ancien Testament figurant dans la Bible chrétienne, mais certains sont dans un ordre différent.

DEUTÉROCANONIQUES*

Ce nom, qui signifie « appartient à un deuxième canon », est donné à douze livres ou compléments de livre qui sont très anciens et ont été inclus dans la traduction grecque de l'Ancien Testament, appelée Septante. Ils ne furent toutefois pas retenus dans la liste finale agréée au synode de Jamnia. On les trouve aujourd'hui dans les Bibles catholiques, mais généralement pas dans les Bibles protestantes.

* ou apocryphes.

LE NOUVEAU TESTAMENT

On trouve beaucoup plus de preuves indiscutables sur la manière dont s'est constitué le Nouveau Testament. Des milliers de manuscrits ont été préservés (certains remontent au tout début de notre ère), et, grâce à eux nous pouvons reconstituer ce qui a dû se passer.

1 Quand les premiers chrétiens se rassemblaient pour adorer, ils continuaient à lire l'Ancien Testament juif, comme l'avait fait Jésus. Et ceux qui avaient connu Jésus étaient invités à parler de lui et à partager ses enseignements.

2 Les premiers documents écrits à circuler parmi les chrétiens furent des lettres écrites par Paul. Leurs destinataires les lisaient et les conservaient comme un trésor ; en outre, on les copiait et on les distribuait aux églises voisines.

3 Comme les témoins oculaires disparaissaient, les chrétiens éprouvèrent le besoin de mettre par écrit les récits exacts de la vie et de l'œuvre de Jésus. C'est ainsi que Matthieu, Jean, Marc (en collaboration avec Pierre) et le médecin Luc (qui voyageait avec Paul) rédigèrent leurs évangiles. Quand l'Église primitive eut grandi, Luc ajouta à son évangile les Actes des Apôtres.

4 Au début, bien d'autres récits de la vie de Jésus circulèrent, mais au deuxième siècle de notre ère, les chefs des églises s'accordèrent à considérer les seuls quatre évangiles comme authentiquement inspirés.

5 L'émouvant récit de Jean sur ses visions concernant la fin des temps forme le livre de l'Apocalypse qui fut alors ajouté aux documents déjà acceptés. Les deux lettres de Pierre, celles de Jean (2 et 3), de Jacques, de Jude et celle aux Hébreux, furent aussi acceptées après discussion pour savoir si elles convenaient à la lecture publique à voix haute.

6 La liste des livres telle que nous la connaissons était déjà en usage bien avant que les conciles de Laodicée (363) et de Carthage (397) l'acceptent finalement. En prenant leur décision finale, les Pères de l'Église s'étaient posé deux questions : « Ce livre enseigne-t-il ce que les témoins oculaires, en particulier les disciples de Jésus, ont enseigné ? » et « Encourage-t-il et fortifie-t-il les chrétiens dans la foi ? »

LA PAROLE SE RÉPAND

Avant même que le texte final de l'Ancien et du Nouveau Testament soit accepté, on avait déjà procédé à des tentatives de traduction en d'autres langues. Depuis lors, tout au long des siècles, les chrétiens ont accordé une priorité particulière à transmettre à tous les peuples les Écritures dans leur propre langue. Il s'agit là d'un récit d'aventures passionnant !

Le diagramme ci-dessous indique les différentes traductions depuis l'origine jusqu'à la Bible en français d'aujourd'hui. On peut l'utiliser comme référence pour les pages suivantes ou y revenir plus tard.

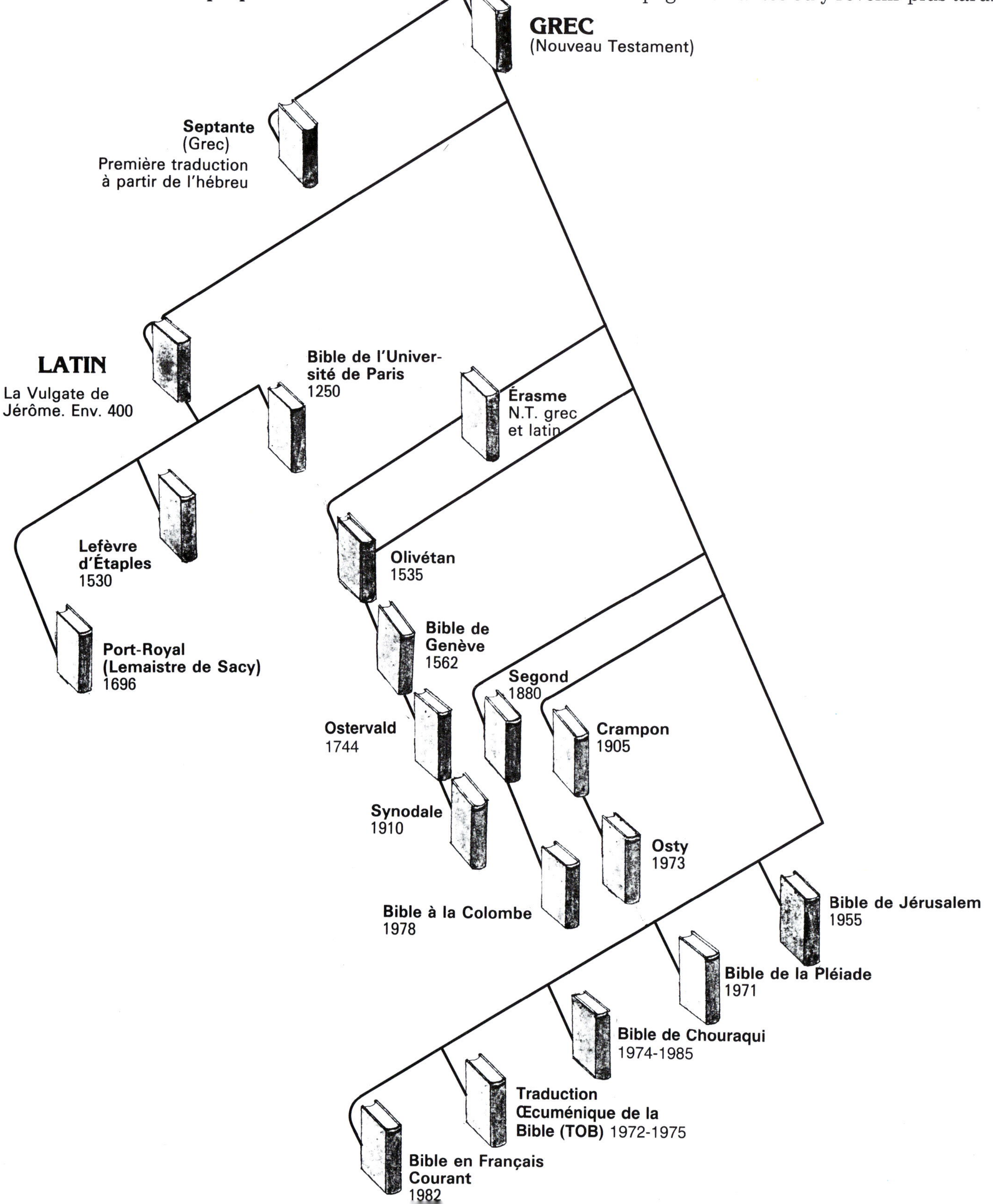

LES PREMIÈRES TRADUCTIONS

Jésus est né à une époque particulière de l'histoire du monde. L'empire romain englobait de vastes contrées autour de la Méditerranée, leur apportant une stabilité politique. La culture grecque avait fourni une langue commune à tous ces territoires. Les idées circulaient librement. C'est dans ce monde-là que les premiers chrétiens ont commencé à prêcher et à implanter des églises.

Écrit à l'origine en grec, la langue courante du peuple, le Nouveau Testament fut rapidement traduit en latin, la langue officielle de l'empire romain. Mais il y eut bientôt trop de versions et le pape Damase ordonna à son secrétaire, Jérôme, d'écrire une version officielle. Elle fut achevée vers l'an 400 et connue sous le nom de Vulgate, ce qui signifie « courant » ou « populaire ».

Jérôme, né en Italie vers 345, est le plus célèbre des premiers traducteurs de la Bible. Au lieu de réviser simplement le texte latin, ce linguiste brillant remonta aux originaux grec et hébreu (avec l'aide d'un rabbin juif) pour faire une version entièrement nouvelle. Il l'acheva en 21 ans ! Peu appréciée au début, elle devint ensuite la version de référence de l'Église catholique, et le point de départ de très nombreuses autres traductions.

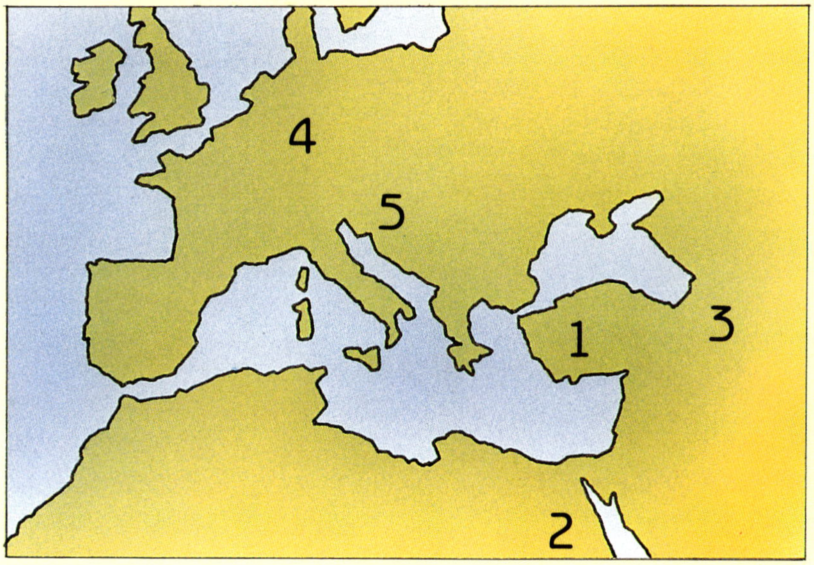

1

Syriaque
Vers l'an 100 l'Ancien Testament existait déjà en syriaque, la langue des habitants des environs d'Édessa dans la Turquie actuelle. Vers l'an 400 l'évêque Rabbula d'Édessa avait achevé la traduction de toute la Bible. On l'appela la « Peshitta » ou version « simple ».

Des missionnaires de l'église syriaque allèrent jusqu'en Chine et en Inde. On a des traces de l'usage de l'évangile de Matthieu en syriaque en Inde vers 180.

2

Copte
Les premiers chrétiens d'Égypte parlaient copte, un dérivé de l'ancien égyptien. La Bible fut d'abord traduite dans le dialecte sahidique du sud et plus tard dans les autres dialectes égyptiens. Plus personne ne parle copte aujourd'hui, mais c'est encore la langue utilisée dans l'église d'Égypte.

3

Arménien et Géorgien
Les missionnaires syriaques allèrent au nord en Arménie (une région de l'URSS actuelle). Dès le Vᵉ siècle, une partie de la Bible existait en arménien.

Puis les Arméniens évangélisèrent les Géorgiens, plus au nord, faisant une traduction en géorgien à partir de leur propre version.

4

Germanique
Les Romains qualifiaient les Ostrogoths du nord de l'Europe de barbares, mais ces derniers devinrent chrétiens dès le IIIᵉ siècle. Leur évêque, Ulfilas, entreprit une traduction de la Bible au milieu du IVᵉ siècle. Un exemplaire célèbre, conservé aujourd'hui en Suède, fut écrit avec de l'or et de l'argent sur du vélin pourpre.

5

Vieux Slavon
Au IXᵉ siècle, deux frères, Cyrille et Méthode, pénétrèrent comme missionnaires dans l'empire slave. Pour écrire leur Bible, ils inventèrent un alphabet à l'usage des Slaves. On l'appelle l'alphabet cyrillique, qui est encore utilisé en Europe de l'Est et en URSS de nos jours.

MOINES ET MANUSCRITS

Durant tout le haut Moyen-Âge, la Vulgate en latin fut la seule Bible utilisée en Europe. Mais peu après la chute de l'empire romain, les gens du peuple cessèrent de parler et même de comprendre le latin.

Pendant près de neuf siècles, la Bible resta donc aux mains des chefs de l'Église et des moines, sans que le peuple la lise. C'est pourquoi les chrétiens médiévaux dépendaient, pour connaître les histoires bibliques, de ce qu'ils pouvaient voir dans le bâtiment de leur église. L'art et le théâtre furent dès lors très importants pour eux.

Les mystères

Au début, les mystères furent des lectures de portions de la Bible, faites par des acteurs, au moment de la messe. Avec le temps, ces lectures se transformèrent en drames liturgiques, joués à l'extérieur, sur les marches de l'église et finalement portés en d'autres lieux publics. Ils inclurent un grand nombre de scènes bibliques, depuis le jardin d'Éden jusqu'au Jugement Dernier.

Les manuscrits

Parce que c'était si long de les recopier à la main, les Bibles étaient très précieuses. Les moines, qui en faisaient l'œuvre de leur vie, s'évertuaient à les rendre aussi belles que possible en décorant les pages et en les « enluminant » avec des feuilles d'or.

Les vitraux

L'art du vitrail, les peintures et les sculptures servaient à décorer les églises, mais avant tout à enseigner aux gens les vérités fondamentales de la Bible.

Ci-dessus, la magnifique rosace de Notre-Dame de Paris. Ses différents vitraux racontent toute une série d'histoires bibliques en images.

DÉCORE TOI-MÊME UN PSAUME

Essaie de faire toi-même un superbe exemplaire d'un extrait du Psaume 119. Tu pourras le pendre au mur ou l'offrir à quelqu'un.

1. À l'aide de papier calque, copie le « T » en couleur bleue.

2. Reproduis-le sur une feuille à dessin, repasse les traits à l'encre.

3. Recopie maintenant le reste du passage. Si tu as une petite plume à l'ancienne, l'aspect sera encore meilleur.

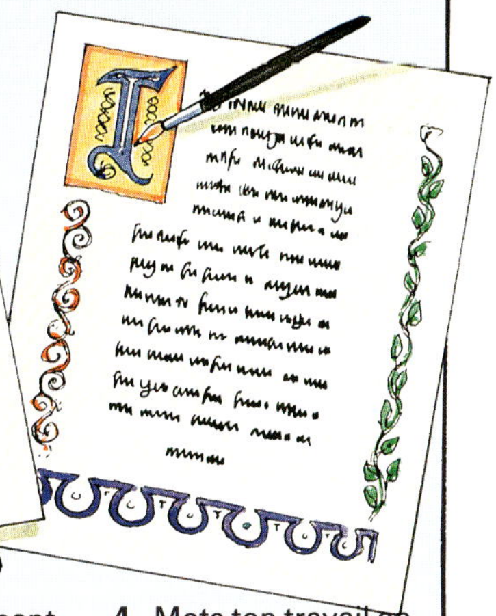

4. Mets ton travail en couleur. Ajoute de petites décorations, comme celles dessinées ci-dessous.

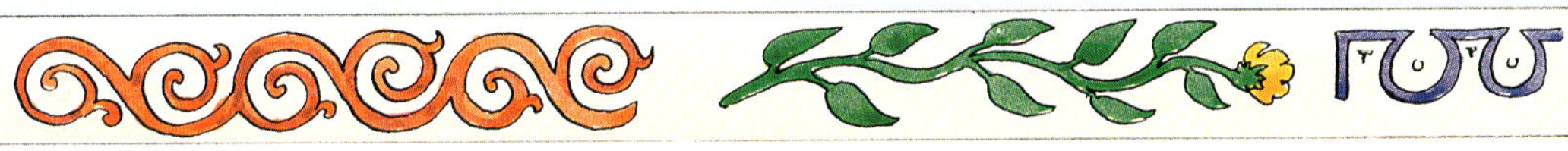

LES DÉBUTS DE LA BIBLE EN FRANÇAIS

L'ouvrage en français le plus ancien est un dictionnaire biblique, **le glossaire de Reichenau.** Il date de 768 et donne la traduction en français d'alors des mots de la Bible latine. Ainsi, le premier écrit connu en français était destiné à faire comprendre la Bible.
Car si pendant plusieurs siècles encore les gens cultivés parlent couramment le latin, il n'en est pas de même des petites gens à qui les premières traductions bibliques sont destinées.

- Des moines de **Cantorbéry** publient vers 1100 les Psaumes traduits en vieux français. Durant tout le XIIe siècle, des livres isolés de la Bible sont aussi traduits en vieux français.
- De 1130 à 1135, **Hermann de Valenciennes** produit une Bible paraphrasée, en vers.
À la fin du siècle, **Pierre Valdo**, de Lyon, utilise ses fonds personnels pour faire traduire en provençal quelques livres de la Bible, dont les Évangiles, et les répandre parmi le peuple.
C'est à cette époque qu'un chanoine de Paris, **Étienne Langton**, introduit la division de la Bible en chapitres.
Vers 1250, sous le règne de Saint-Louis, paraît la première Bible complète en français, traduite par des professeurs de l'Université de Paris.
- Le roi Jean le Bon est le premier roi de France à attacher de l'importance à la Bible en français. Il en fait commencer une traduction, qui malheureusement est interrompue par la bataille de Poitiers (1356).
Son fils Charles V, lecteur assidu de la Bible, la fait copier en divers dialectes afin que toutes les provinces du royaume puissent en profiter.
- Mais la Bible, toujours recopiée à la main, ne se répandra vraiment qu'au moment où elle bénéficiera de l'imprimerie.
- C'est en 1496 que **Jean de Rely**, confesseur du roi Charles VIII, fait imprimer la première Bible complète en français. C'est une traduction de la Bible latine.
- En 1535, **Pierre-Robert d'Olivétan** achève la première Bible française traduite directement des textes originaux hébreu et grec.
- L'imprimeur **Robert Estienne** publie en 1553 la première Bible française divisée en versets.

UNE ÉPOQUE AGITÉE

Vers la fin du Moyen-Âge, l'Église s'était corrompue. La papauté était devenue une institution politique riche et puissante. Bien des prêtres étaient ignorants et cupides, quand ils ne menaient pas ouvertement une vie immorale.

Aussi à travers toute l'Europe, des chrétiens isolés ou en groupes, se mirent à critiquer l'état de l'Église et à se réunir indépendamment pour adorer Dieu. Mais c'était très dangereux de protester. Pourtant nombreux furent les hommes courageux prêts à risquer leur vie, notamment pour transmettre la Bible — la Parole de Dieu — aux gens du peuple dans leur propre langue.

Partout en Europe, on lisait la Bible en secret. Il fallait des mois pour recopier un exemplaire à la main, et il était coûteux. En plusieurs villes de France, des hommes et des femmes furent brûlés vifs pour avoir répandu la Bible. Quelquefois on les brûlait avec leurs Bibles autour du cou.

WANTED

JAN HUS

Cet homme est recteur de l'Université de Prague en Bohème (Tchécoslovaquie). Après avoir lu la Bible, seul, il essaye d'introduire les pratiques du Nouveau Testament, ce qui crée des troubles civils. Il est sommé de comparaître devant le concile de Constance.

1414

Wanted

PIERRE VALDO

Riche marchand de Lyon, chef de la secte appelée « Les Pauvres de Lyon » ou « Vaudois ».

Cette secte mène une vie de pauvreté et de simplicité, pratiquant les bonnes œuvres. Mais elle prêche la Bible aux pauvres, les dressant contre le clergé. En faisant traduire la Bible en provençal, Valdo l'a mise à la portée de tous les habitants du sud de la France qui peuvent l'interpréter librement. Il faut arrêter ces gens ! Tous les Vaudois sont déclarés excommuniés par le pape Lucius III.

1184

WANTED

John Wycliffe

John Wycliffe, théologien d'Oxford, s'est permis de faire traduire de son propre chef la Bible latine, la Vulgate, en anglais. Cette traduction a été réalisée par les savants Nicolas de Hereford et John Purvey. Elle est distribuée par les disciples de Wycliffe, appelés Lollards. Ces marmotteurs extravagants enseignent de rejeter les pratiques de l'Église ; ils doivent donc être supprimés.

Un synode vient de se réunir à Oxford. La copie, la circulation et l'étude de ces versions anglaises de la Bible sont officiellement interdites.

1408

LE TRAVAIL DES IMPRIMEURS

Alors que l'Europe était plongée dans la tourmente politique et religieuse, une autre révolution se préparait. Une invention mécanique, la presse d'imprimerie, allait accélérer les changements qui se produisaient partout.

À Mayence, en Allemagne, Gutenberg tentait l'expérience d'imprimer des livres avec des caractères mobiles en métal. Dès le ve siècle, l'Asie avait inventé les blocs de bois taillés à la main pour imprimer, et le premier livre imprimé ainsi fut produit en Chine en 868. Gutenberg retint l'idée des blocs de bois, mais la simplifia pour faire des caractères individuels qui s'assemblaient en mots et en lignes jusqu'à former une page entière montée ensuite sur une presse simple.

À présent les livres pouvaient être produits rapidement, en grand nombre et à un prix relativement bas. L'âge de la page imprimée commençait. Et cela au moment même où les réformateurs achevaient leurs traductions de la Bible. Jusque-là, chaque exemplaire avait été copié à la main. L'imprimerie permettait maintenant de mettre des exemplaires des Écritures entre les mains du peuple. Le premier livre complet à avoir été imprimé en Occident fut une Bible, en 1456.

Jusqu'en 1462, cet art nouveau resta un secret jalousement gardé à Mayence ; mais cette année-là, la ville fut pillée et les imprimeurs dispersés. Durant 200 ans, l'invention se répandit au loin, et on trouva des presses à Rome, Lyon, Paris, Cracovie et Londres. À Paris, l'imprimeur Robert Estienne (1503-1559), à la fois savant et linguiste, ne publia pas moins de 41 éditions des Écritures, et de nombreux ouvrages de culture biblique. C'est lui qui introduisit la division de la Bible en versets. Poursuivi en France, il trouva refuge vers la fin de sa vie à Genève.

Cette image montre une reconstitution de la pièce dans laquelle Gutenberg imprima ses premiers livres.

FABRIQUE-TOI UN TAMPON

1. Écris ton nom sur un morceau de papier calque. Retourne-le et écris ton nom à l'envers sur un petit bloc de bois.

2. Colle une ficelle fine le long des traits de crayon.

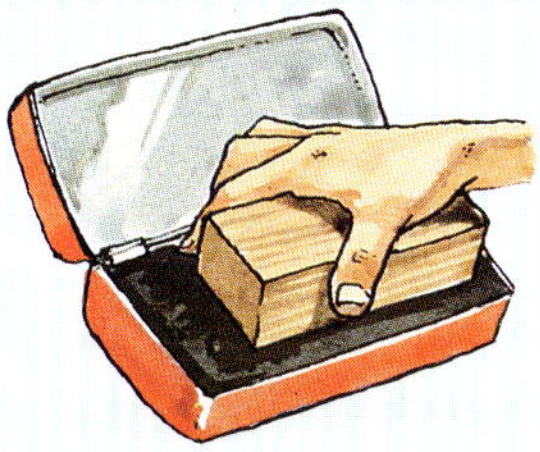

3. Presse ton « bloc d'imprimerie » sur un tampon encreur.

4. Maintenant tu peux imprimer ton nom sur tes lettres ou sur tes livres.

UNE EXPLOSION DE TRADUCTIONS

Quatre événements majeurs au milieu du XVe siècle contribuèrent à l'essor soudain de nouvelles traductions de la Bible en Europe. Le premier fut l'invention de l'imprimerie, qui révolutionna la communication des idées.

Le second fut en 1453 la prise de Constantinople, capitale de l'empire romain d'Orient, par les Turcs. De nombreux savants de langue grecque s'enfuirent de la ville, en emportant leurs très précieux manuscrits. En s'installant en Occident, ils contribuèrent à donner une connaissance beaucoup plus approfondie du Nouveau Testament grec aux traducteurs de la Bible.

Cet événement entraîna aussi le troisième : un remarquable réveil de la culture, qu'on appelle la Renaissance. Les esprits s'ouvrirent aux nouvelles idées en matière de science, d'art et d'étude des auteurs anciens. La toile d'araignée qui emprisonnait le savoir au Moyen-Âge était déchirée. Les gens étaient ouverts au changement, aux nouvelles idées.

Le quatrième événement, conséquence de la distribution beaucoup plus large de la Bible, fut une redécouverte du message de l'Évangile. Des hommes tels que Luther, Érasme, Calvin et Knox étaient en mesure de citer les Écritures pour défier les pratiques de l'Église. La Réforme commençait.

Espagnol

Toute traduction de la Bible était interdite en Espagne. En 1551, **Cassiodoro de Reina**, un moine de Séville, quitta l'Espagne pour travailler en Angleterre et en Allemagne à une traduction de la Bible en espagnol.

Français

En France, le travail de traduction avait commencé avec un prêtre catholique, **Jacques Lefèvre d'Étaples**. Il publia sa Bible en Belgique parce que les autorités françaises le soupçonnaient de sympathie pour la Réforme naissante. Sa Bible fut interdite par l'Église, et une nouvelle traduction demandée aux savants de l'Université de Louvain. Elle devint la version de référence des catholiques français.

Le protestant **Pierre-Robert Olivétan** publia la **Bible de Genève** en français. Elle parut en Suisse en 1535. Elle devint la principale version des protestants français.

Anglais

Il était encore interdit de traduire la Bible en anglais lorsque le savant **William Tyndale**, d'Oxford, entreprit une nouvelle traduction à partir de l'original hébreu et du Nouveau Testament grec d'Érasme. « En Angleterre, un paysan poussant sa charrue sera plus instruit sur la Bible que bien des prêtres », prophétisa Tyndale.

Une opposition farouche le contraignit à se rendre en Allemagne pour achever la traduction de son Nouveau Testament, qui fut publié à Worms en 1525. Des exemplaires imprimés en Allemagne furent introduits en contrebande en Angleterre, où le roi Henri VIII les fit brûler !

Alors que Tyndale travaillait à l'Ancien Testament, il fut trahi, arrêté, puis brûlé vif. En mourant, il pria : « Seigneur, ouvre les yeux du roi d'Angleterre ». Et lorsque la première Bible complète fut imprimée en Angleterre, elle obtint la bénédiction du roi Henri VIII.

La version autorisée du roi Jacques, 1611, suivit de près le texte du Nouveau Testament de Tyndale.

En 1609, **Gregory Martin**, exilé au collège catholique anglais de Douai, dans le nord de la France, publia **la Bible de Douai** qui devint la version de référence des catholiques en Angleterre.

Suédois
Vers 1541, la Suède possédait une traduction de référence réalisée par Laurentius Petri, archevêque d'Uppsala. C'est la **Bible d'Uppsala**.

Danois
Au Danemark, la version de référence est **la Bible du roi Christian III**, imprimée en 1550 à Copenhague.

Hollandais
La première Bible hollandaise fut la version **mennonite** de 1558. Les calvinistes utilisaient l'édition Statenvertaling publiée aux frais des états néerlandais.

Nicholas van Winghe réalisa la traduction catholique à partir de la Vulgate en 1548.

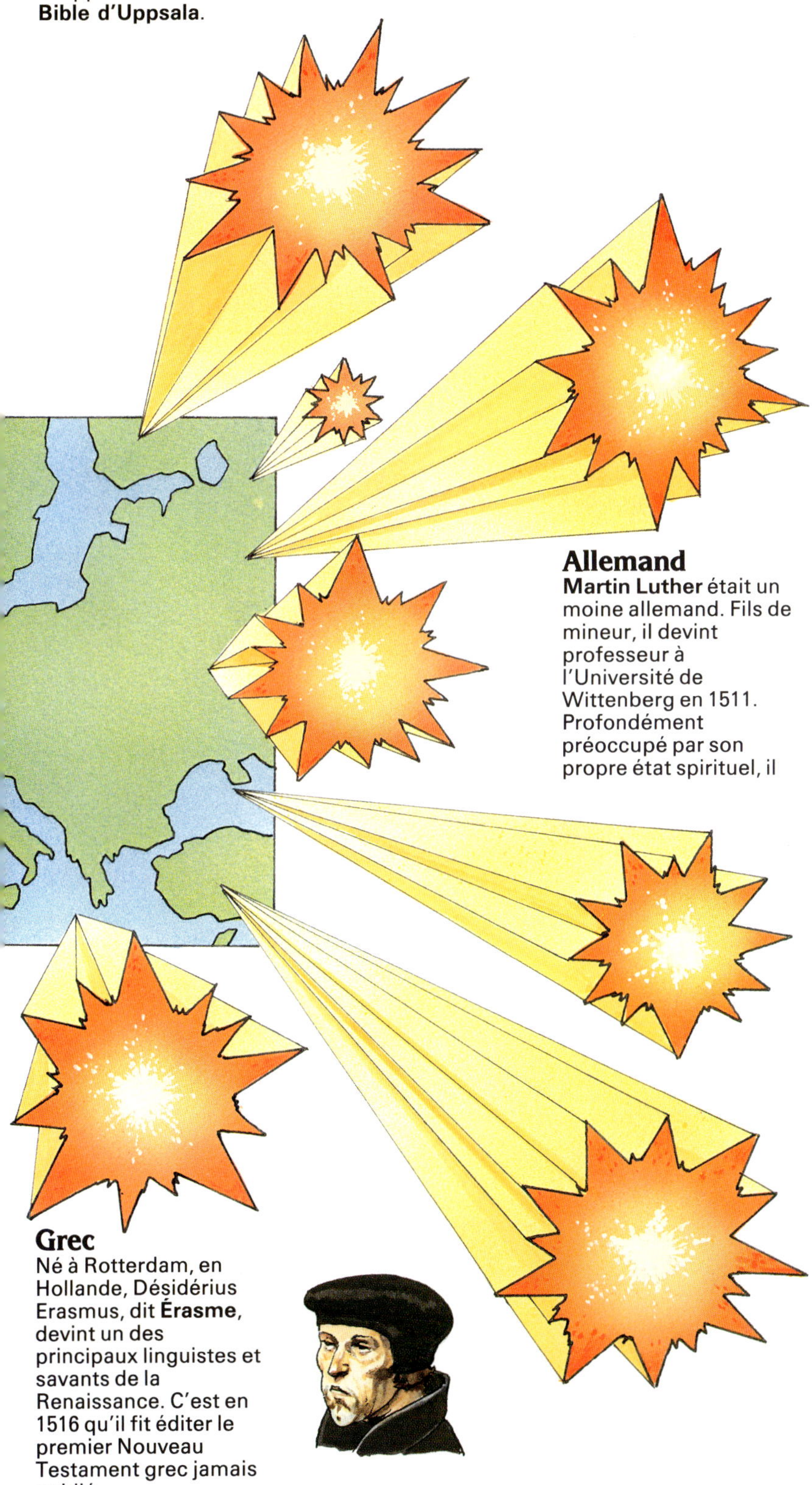

Allemand
Martin Luther était un moine allemand. Fils de mineur, il devint professeur à l'Université de Wittenberg en 1511. Profondément préoccupé par son propre état spirituel, il étudia les Écritures. En lisant la lettre de Paul aux Romains, il découvrit que son salut ne dépendait pas de ses efforts pour être juste, mais de ce que Jésus avait accompli pour lui.

Il dénonça les pratiques erronées de l'Église de son époque, et fut exilé au château de la Wartbourg. Il y commença la traduction qui devait rester la version de référence des protestants allemands jusqu'à nos jours.

Italien
La principale version italienne fut réalisée à Genève par **Giovanni Diodati** en 1607.

Grec
Né à Rotterdam, en Hollande, Désidérius Erasmus, dit **Érasme**, devint un des principaux linguistes et savants de la Renaissance. C'est en 1516 qu'il fit éditer le premier Nouveau Testament grec jamais publié.

LA BIBLE FRANÇAISE DU XIIIe AU XVIIe SIÈCLE

Au moment où la traduction et la distribution de la Bible prenaient de l'ampleur en Europe, la France occupa une place privilégiée dans cette extension.

Mais les traducteurs devaient être prudents. Leur tâche était dangereuse. La Sorbonne, à Paris, se méfiait de tout ce qui mettait les Écritures à la portée du peuple. Les traducteurs, comme les imprimeurs, étaient emprisonnés ou contraints à l'exil. Certains, tels Lemaistre de Sacy, achevaient leurs traductions en prison. Les traductions « catholiques » et « protestantes » se multipliaient malgré tout. Elles étaient largement distribuées par des colporteurs qui les cachaient sous leur commerce ambulant de drap et de bijoux. Ces colporteurs furent souvent brûlés vifs avec leurs Bibles. Mais ni les autodafés, ni l'emprisonnement n'entravèrent ce mouvement qui mit entre les mains des gens ordinaires la Bible dans leur propre langue.

1. **Bible de l'Université de Paris,** 1250 ; 1re traduction en français. La Bible est pour la 1re fois divisée en chapitres

2. **1er Nouveau Testament** français imprimé à Lyon, 1474

3. **1re Bible française imprimée** sur l'ordre de Charles VIII, 1496

LE LANGAGE ÉVOLUE

Voici le verset 2 du premier chapitre du livre de Michée tel qu'on le trouve dans quelques-unes des principales versions françaises anciennes. Il est intéressant de le comparer avec les versions modernes.

Lefèvre d'Étaples (1528)
Vous to' peuples escoutez : & q̃ la terre et ce qui est en elle escoute, & q̃ le Seigneur Dieu vous soit en tesmoing, ascauoir le Seigneur de son temple.

Olivétan (1535)
Vous to' peuples ouyez : & toy terre escoute : & le contenu dicelle : & q̃ le Seigñr Dieu vo' soit en tesmoing ascauoir le Seigñr de son sainct têple.

Lemaistre de Sacy (1696)
O peuples, écoutez tous, que la terre avec tout ce qu'elle contient soit attentive, & que le Seigneur *notre* Dieu soit lui-même témoin contre vous, le Seigneur *qui voit tout* de son temple saint.

Ostervald (1744)
Vous tous peuples, écoutez ; & toi, terre sois attentive, & tout ce qui est en elle ; & que le Seigneur l'Éternel soit témoin contre vous, le Seigneur *qui sort* du Palais de sa Sainteté.

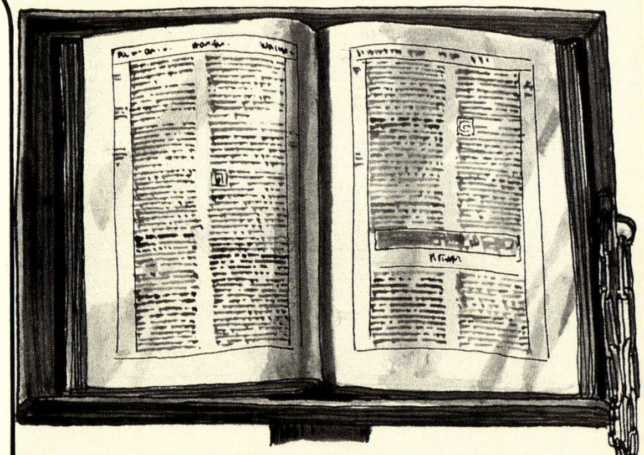

Dans les églises où les Bibles étaient mises librement à la disposition du public, on prenait toutefois la précaution de les attacher avec une chaîne, car elles étaient encore rares et précieuses, et elles auraient pu tenter les voleurs.

Voici la page de garde de la première Bible imprimée en Angleterre en 1535.

4. Nouveau Testament de Lefèvre d'Étaples d'après la Vulgate latine, 1523

5. Bible de Lefèvre d'Étaples, 1530 ; ses éditions successives s'éloignent progressivement de la Vulgate

6. Bible d'Olivétan, 1535
1re traduction directement de l'hébreu (AT) et du grec (NT)

7. Bible de Louvain, 1550
révision de la traduction de Lefèvre d'Étaples

8. 1re Bible divisée en versets par Robert Estienne, grand imprimeur de la Bible, 1553

9. Psautier huguenot, 1562
psaumes traduits de l'hébreu et versifiés par Clément Marot et Théodore de Bèze.

10. Bible de Lemaistre de Sacy, 1696
traduite à partir du latin avec la collaboration de Port-Royal

JUSQU'AUX EXTRÉMITÉS DU MONDE

Les transformations suscitées par la Réforme étaient si importantes et avaient de telles conséquences, que les églises protestantes passèrent plus d'un siècle à mettre au point leurs nouvelles manières d'adorer et de croire. Pendant ce temps, l'Église catholique (en particulier l'ordre des Jésuites, fondé en 1540) envoyait des missionnaires jusqu'en Inde, en Indonésie, au Japon, en Chine, au Mexique, au Brésil et au Paraguay.

Afin de placer les missions catholiques sous le contrôle du Vatican, le pape Grégoire XV fonda la Congrégation sacrée pour la propagation de la Foi, appelée Congrégation de la Propagande. Ses missionnaires fondaient les églises et traduisaient des extraits de la Bible pour les indigènes. Habituellement, ils traduisaient d'abord les dix commandements, le « Notre Père », et des extraits choisis des évangiles, ou bien des livres d'histoires bibliques et de catéchisme. En 1613, des missionnaires jésuites publièrent le Nouveau Testament complet en japonais.

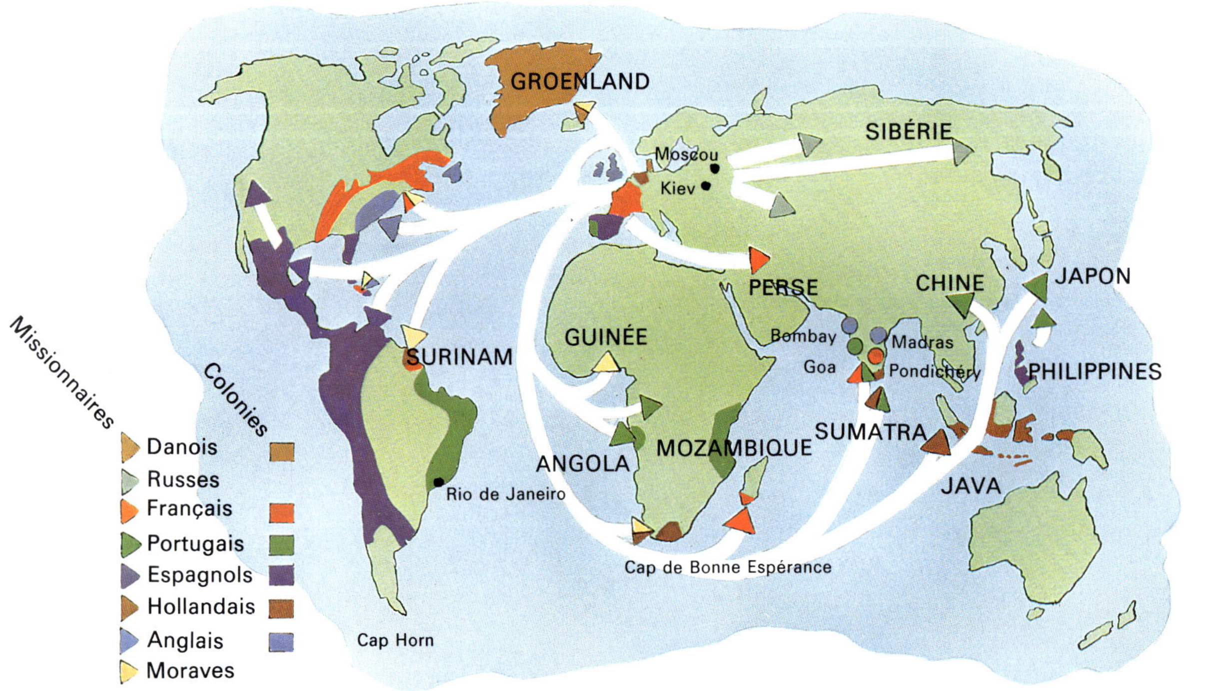

MARCHANDS ET MISSIONNAIRES

Au cours du XVIIe siècle, l'avance des missions protestantes et catholiques va de pair avec les progrès de l'exploration et la colonisation dans le monde hors d'Europe. Un siècle après que des pionniers, comme les explorateurs Christophe Colomb et Vasco de Gama aient ouvert la voie, l'ère de la conquête étrangère et du commerce battait son plein.

Des aumôniers se joignaient aux compagnies marchandes. Leur mission n'était pas seulement de prendre soin des employés de la compagnie, mais aussi d'évangéliser les autochtones. C'est ainsi, par exemple, que des missionnaires protestants partis d'Angleterre, d'Allemagne, de Hollande, de Moravie et du Danemark posèrent des bases aux Indes, au Sri Lanka, en Malaisie, en Afrique du Sud et en Nouvelle-Angleterre.

Des rapports passionnants du travail parmi les Indiens parvinrent en Grande-Bretagne. Les chrétiens désiraient vivement apporter leur aide, et la Compagnie de la Nouvelle-Angleterre fut créée en 1649. En fait, ce fut la première société missionnaire.

Au cours des trois siècles suivants, un grand nombre de sociétés missionnaires furent constituées. À la fin du XIXe siècle, elles envoyaient des missionnaires chrétiens prêcher, enseigner et soigner dans le monde entier.

La Bible du Massachusetts

Au début du XVIIe siècle, les non-conformistes connus sous le nom de Puritains étaient si persécutés en Angleterre, qu'un groupe d'entre eux s'embarqua à bord du *Mayflower* pour commencer une nouvelle vie en Amérique. À Boston, John Eliot commença à travailler parmi les Indiens du Massachusetts, et en 1663, il avait achevé de traduire la Bible entière dans leur langue.

Malais et Tamoul

Les Hollandais et les Danois entretenaient un commerce actif avec les Indes orientales et les premières traductions de l'évangile en malais furent réalisées par un directeur de la Compagnie hollandaise des Indes orientales.

Une des plus célèbres traductions du XVIIe siècle est l'œuvre d'un missionnaire danois, Bartholomäus Ziegenbalg, qui traduisit le Nouveau Testament en tamoul. C'était la première Bible dans une langue de l'Inde.

LA DIFFUSION DE LA BIBLE DANS LE MONDE

Il arrive que de grands mouvements jaillissent d'un événement apparemment insignifiant.

Marie Jones

Marie Jones était une petite fille galloise d'environ huit ans. Elle aimait beaucoup écouter les histoires de la Bible et souhaitait tant pouvoir les lire elle-même ! Mais personne dans sa famille ne savait lire ; de plus elle était pauvre, et les Bibles galloises étaient rares et chères. Quand Marie eut dix ans, elle eut la possibilité d'aller à l'école, en faisant deux kilomètres à pied, et elle apprit à lire. Elle décida d'économiser pour s'acheter une Bible. Il lui fallut persévérer pendant six longues années.

Quand elle eut enfin assez d'argent pour acheter le précieux livre, elle fit 40 km, pieds nus, jusqu'à la ville de Bala.

Presque défaillante de fatigue, Marie demanda au pasteur Thomas Charles si elle pouvait acheter une Bible. Il lui en restait trois, toutes promises à d'autres personnes. Mais il comprit l'immense déception de Marie et lui en céda une.

Thomas Charles raconta cette histoire lors d'une rencontre de la Société des Traités Religieux à propos du besoin de Bibles en gallois.

L'histoire de Marie, et bien d'autres encore, émurent tant les auditeurs qu'en 1804 naquit la Société Biblique Britannique et Étrangère. Son but était de fournir le maximum de Bibles, dans toutes les langues et à un prix abordable.

À la suite de la Société Biblique Britannique et Étrangère, d'autres sociétés bibliques furent créées. Le mouvement gagna l'Europe, l'Amérique et l'empire britannique. La Société Biblique de Paris vit le jour en 1818. En 1948, l'Alliance Biblique Française fut fondée pour succéder à trois sociétés bibliques qui œuvraient en France depuis un siècle. Les Bibles sont éditées et diffusées par la Société Biblique Française.

En 1969 a été créée la Fédération Catholique Mondiale pour l'Apostolat Biblique, dans le but de diffuser et de faire lire les Écritures dans le monde catholique.

L'ALLIANCE BIBLIQUE UNIVERSELLE

En 150 ans, le mouvement des sociétés bibliques avait pris tant d'extension, qu'en 1946 une organisation fut créée pour coordonner leurs activités. Elle a six buts principaux.

- Encourager la coopération entre les sociétés.
- Échanger des informations et coordonner le travail et les techniques à travers le monde.
- Fournir aux membres de l'aide et des services.
- Rassembler des informations sur les orientations religieuses dans le monde, dans la mesure où elles affectent la Bible.
- Représenter les sociétés bibliques dans les contacts avec d'autres organisations chrétiennes.
- Fournir des secours d'urgence, partout dans le monde.

Les différents bureaux de l'Alliance Biblique Universelle se trouvent à Nairobi, à Mexico, à Singapour et à Bruxelles. Chaque bureau compte des spécialistes dans la traduction, la production et la diffusion de la Bible. Le coordinateur mondial de l'A.B.U. supervise une cinquantaine de spécialistes de la traduction. Au cours des années 1970, ces spécialistes étaient engagés simultanément dans plus de 800 projets de traductions différentes.

LA CROISSANCE DES SOCIÉTÉS BIBLIQUES

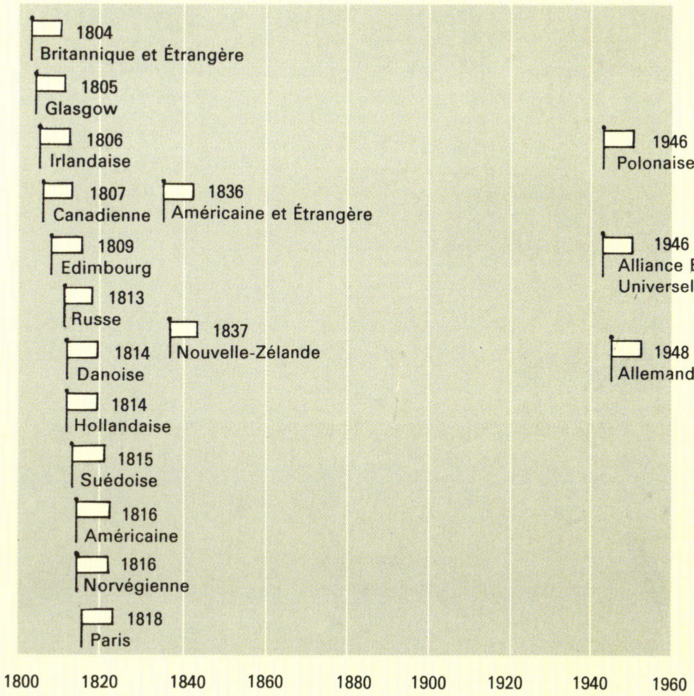

AVENTURES DE TRADUCTEURS

Avant 1800, la Bible — en totalité ou en partie — était traduite en moins de soixante-dix langues. Mais avec l'extension du mouvement missionnaire au cours du XIXe siècle, le travail de traduction s'accrut. Des centaines d'hommes et de femmes se consacrèrent à cette tâche. Voici quelques-unes de leurs aventures.

UN CORDONNIER PART AUX INDES

William Carey était un apprenti cordonnier anglais, gagné à la foi chrétienne grâce à l'influence d'un jeune camarade. Il devint pasteur et apprit tout seul le latin, le grec, l'hébreu, le français et le hollandais. Il contribua à fonder la Société Missionnaire Baptiste et partit pour le Bengale (Inde) en 1793 en tant que l'un de ses premiers missionnaires.

Au cours des trente années qui suivirent, Carey, par un travail incessant, fonda des églises et forma des responsables chrétiens indiens. Il aida le peuple indien par des projets pratiques tels que des écoles, des hôpitaux, une réforme agricole, et lutta pour l'abolition du « sati » (coutume qui consistait à brûler les veuves en même temps que leurs maris défunts).

Carey et ses collègues construisirent une presse d'imprimerie et traduisirent des extraits de la Bible dans 45 langues et dialectes. Carey lui-même apprit le sanscrit, le bengali, le marathi et le cingalais.

কারণ ঈশ্বর জগৎকে এমন প্রেম করিলেন যে, আপনার
একজাত পুত্রকে দান করিলেন, যেন, যে কেহ তাঁহাতে
বিশ্বাস করে, সে বিনষ্ট না হয়, কিন্তু অনন্ত জীবন পায়।

Jean 3 : 16 en bengali

À DEUX DOIGTS DE LA MORT EN CHINE

Au XIXe siècle, la Chine était complètement fermée à l'Occident. Rien n'avait été entrepris pour y apporter le message chrétien, depuis l'arrivée de missionnaires catholiques trois siècles plus tôt.

Joshua Marshman fut convaincu qu'il fallait traduire la Bible en chinois. Aidé de John Lassar, un Américain né en Chine, il se mit au travail et la Bible fut achevée en 1822.

Au même moment, un autre homme traduisait la Bible en Chine même. Robert Morrison était décidé à apprendre la langue, quasiment inconnue en Angleterre. Il utilisa un exemplaire d'une partie du Nouveau Testament traduit en chinois par un missionnaire jésuite du XVIIIe siècle, traduction qu'il trouva au musée de Londres.

Morrison ne fut pas autorisé à pénétrer plus loin que la ville commerciale de Canton, où il travailla comme interprète. Sur place il trouva un professeur de chinois. C'était si dangereux d'être découvert à enseigner le chinois à un étranger, que son professeur portait toujours du poison sur lui, au cas où il serait pris.

上帝愛世人，甚至將他的獨生子賜給他們，叫一切信他的，不至滅亡，反得永生。

Jean 3 :16 en chinois de Kuoyu

Un autre missionnaire, William Milne, rejoignit Morrison en 1817, et en 1823 la Bible complète était publiée. Robert Morrison mourut solitaire à Canton, huit ans seulement avant que les missionnaires soient enfin autorisés à pénétrer en Chine. Son travail servit de base à leur évangélisation.

DES BIBLES CONTRE DE L'HUILE DE NOIX DE COCO

En Inde et en Chine, on savait écrire la langue depuis des siècles ; mais dans d'autres régions du monde il existait des milliers de gens qui ne possédaient pas encore d'écriture pour leur langue.

Quand William Ellis atteignit l'île de Tahiti dans le Pacifique, en 1817, il comprit qu'il devait commencer à zéro, apprendre la langue, choisir des lettres pour symboliser les sons et inventer une orthographe. Son premier livre en tahitien fut un petit manuel de lecture. Le roi de Tahiti était si pressé de voir quel air aurait la langue de son peuple sur du papier, qu'il arracha lui-même les premières pages de la presse d'imprimerie.

Grâce à l'aide du roi, des extraits de la Bible suivirent rapidement. Les habitants de Tahiti étaient si désireux d'en acheter, que ceux qui ne possédaient pas d'argent furent autorisés à payer avec de l'huile de noix de coco. Pour 15 litres, on avait un évangile de Luc !

Jean 3 : 16 en tahitien

I aroha mai te Atua i to te ao, e ua tae roa i te horoa mai i ta 'na Tamaiti fanau tahi, ia ore ia pohe te faaroo ia 'na ra, ia roaa râ te ora mure ore.

D'UN AUTOBUS DE LONDRES AU PÉROU

Les premiers textes bibliques à avoir été imprimés dans une langue de l'Amérique du Sud le furent d'une manière très inattendue. James Thomson, un missionnaire en congé, rencontra dans un autobus à Londres un homme qui se révéla être Vincente Pazos-Kanki, un professeur de Cuzco, au Pérou. Sa mère était une Indienne de la tribu Aymara, dont la civilisation avait été brillante autrefois. James Thomson convainquit le Dr Pazos-Kanki de traduire l'évangile de Luc pour le peuple Aymara.

Cunalaycutejja Diosaji uqhama acapacharu muni, jupa sapa jathata Yokaparu churi, take qhitití juparu iyausisqui ucajja, jan chhakhtasiñapataqui, ucatsipana wiñaya jacañaniñapataqui.

Jean 3 : 16 en aymara

L'ESCLAVE QUI DEVINT ÉVÊQUE

En 1821, un garçon yoruba de onze ans, appelé Adjaï, fut enlevé avec sa mère et ses sœurs par des marchands d'esclaves en Afrique Occidentale. Séparé de sa famille, Adjaï fut emmené à Lagos, au Nigéria, où il fut vendu et acheté à plusieurs reprises. Son cinquième maître le vendit à un capitaine de bateau portugais qui faisait le transport d'esclaves. À une journée de navigation de Lagos, un bateau de guerre britannique intercepta le convoi d'esclaves et emmena les esclaves libérés jusqu'en Sierra Leone.

Arrivé là, Adjaï put fréquenter une école chrétienne, où il s'avéra un élève vif et très intelligent. Il fut baptisé en 1825 et prit le nom de Samuel Crowther. Plus tard, il fut consacré pasteur à Londres, et devint le premier évêque africain.

Parmi les premiers à se convertir après son retour au milieu du peuple yoruba, se trouvaient sa mère et sa sœur, dont il avait perdu trace depuis si longtemps. Au Nigéria, il mit sur pied une équipe entièrement africaine, car il pensait que l'évangélisation de l'intérieur de l'Afrique devait se faire par des Africains. Il rassembla aussi une équipe mixte, européenne et yoruba, pour traduire la Bible dans la langue de sa tribu. Cette traduction fut achevée en 1884.

DANS TOUTES LES LANGUES

Notre siècle a vu une remarquable extension de la traduction de la Bible à travers le monde. On peut compter 45 nouvelles versions du Nouveau Testament en anglais, 16 en français, 17 en espagnol et 7 nouvelles Bibles en italien. En 1900, au moins un livre de la Bible était traduit dans 517 langues ; aujourd'hui on atteint le chiffre de 2 186 langues. La Bible entière était traduite en 118 langues en 1900 ; elle l'est en 329 langues aujourd'hui.

En outre, des traducteurs travaillent sur environ 965 des 6 700 langues parlées dans le monde.

LES TRADUCTEURS WYCLIFFE DE LA BIBLE

Un jeune missionnaire américain était en train de vendre des Bibles en espagnol au Guatémala, quand un Indien l'apostropha : « Pourquoi, si votre Dieu est si sympa, ne parle-t-il pas ma langue ? »

Aussitôt William Cameron Townsend se demanda ce qu'on pouvait faire pour montrer à cet Indien que Dieu comprenait sa langue. Il commença à traduire le Nouveau Testament en cakchiquel. Il lui fallut quinze ans pour achever ce travail.

Entre-temps, Townsend s'était rendu

LA BIBLE EN FRANÇAIS CONTEMPORAIN

La Bible de Maredsous (1950)

Cette version catholique avait pour ambition d'offrir à un large public un texte d'accès commode. Écrite dans un style simple et vigoureux et parue sous différentes présentations, cette Bible a répondu aux besoins d'un public très varié.

La Bible de Jérusalem (1955)

C'est de loin la traduction catholique en langue française la plus importante. Réalisée sous la direction de l'École Biblique Catholique de Jérusalem (d'où son nom), elle est le résultat du travail d'un grand nombre de savants. Elle s'est imposée par ses qualités littéraires et son exactitude, au point qu'elle est lue même dans des milieux non-catholiques. Une révision en a été faite en 1973.

La Bible de la Pléiade (1956-1971)

Cette traduction plutôt « laïque » est le fruit du travail de quelques savants, soucieux de trouver un juste milieu entre un littéralisme étroit et une trop large interprétation. Parfois, le texte est paraphrasé, le sens exact étant indiqué dans les notes qui accompagnent le texte traduit sur les originaux.

La Bible Osty (1973)

Contrairement aux autres traductions récentes qui sont souvent le fruit d'un travail collectif, celle-ci est l'œuvre d'un chanoine qui y a consacré un quart de siècle. Elle se caractérise par le respect du texte original jusqu'au scrupule, puisque le traducteur renonce à « inventer un sens » quand le texte était incompréhensible et se contente de le remplacer par des points de suspension.

La Traduction Œcuménique de la Bible (TOB, 1967-1975)

Cette traduction constitue une grande nouveauté. La traduction de chaque livre biblique était confiée à une équipe de deux savants, un catholique et un protestant, sous les auspices de l'Alliance Biblique Universelle et des Éditions du Cerf. Plus d'une centaine de collaborateurs ont donc travaillé à cette œuvre, dont il existe une édition intégrale avec notes abondantes qui reflètent les tendances des confessions impliquées, et une édition avec un nombre très restreint de notes.

La Bible de Chouraqui (1974-1977)

Le traducteur, israélite, et parfaitement bilingue (hébreu-français) s'est efforcé de rendre la richesse des tournures sémitiques, la force des images, parfois la violence des propos, du mieux compte du besoin de Bibles en beaucoup d'autres langues. Son travail amena la fondation de la Société des Traducteurs Wycliffe de la Bible, en 1934. C'est aujourd'hui la plus importante société missionnaire du monde, avec plus de 3 900 collaborateurs et 400 en formation.

Les traducteurs Wycliffe de la Bible sont à l'œuvre dans les pays suivants (les chiffres entre parenthèses indiquent le nombre de langues ou de dialectes sur lesquels ils travaillent) :

• Afrique (total 236) dont :
Cameroun / Tchad
Ghana
Côte d'Ivoire / Burkina Faso
Soudan
Togo / Bénin

• Amériques (85) et en cours en :
Bolivie
Brésil
Canada
Colombie
Équateur
Etats-Unis
Guatémala / Honduras
Mexique
Pérou / Chili
Surinam

• Asie (157 en cours) :
Indonésie
Malaisie
Mali

• Eurasie (58 projets en cours)

• Océanie (total 229) :
Australie
Philippines
Papouasie Nouvelle Guinée

possible. Les noms propres ont conservé leur forme hébraïque.

La Bible à la Colombe (1978)

Ce nom lui vient de la colombe représentée sur la couverture. Il s'agit d'une révision de la version Louis Segond, dont le texte a été modifié en tenant compte d'une meilleure connaissance des textes originaux et de l'évolution de la langue française. Cette version est le résultat de vingt-cinq ans de travail. Le but des traducteurs était de donner au lecteur la possibilité de mieux saisir ce qu'il y a dans le texte original. C'est une traduction très bien accueillie.

La Bible en Français Courant (1982)

C'est une traduction basée sur le principe de l'équivalence dynamique : l'effet que produisait le sens du texte sur les premiers lecteurs est restitué en reformulant la pensée dans sa propre langue. Cette version est très utilisée pour l'évangélisation et un premier contact d'un monde déchristianisé avec le message biblique.

La Bible du Semeur (1992)

Cette traduction a été réalisée par une équipe de théologiens protestants. Elle cherche à rendre, dans la langue d'aujourd'hui, le sens qu'avaient les mots et les idées à l'époque des premiers lecteurs. Elle est particulièrement appréciée pour son langage direct et actuel par les jeunes lecteurs et tous ceux qui voudraient prendre contact avec la Bible sans culture biblique ou théologique préalable.

LES TRADUCTIONS ENCORE NECESSAIRES

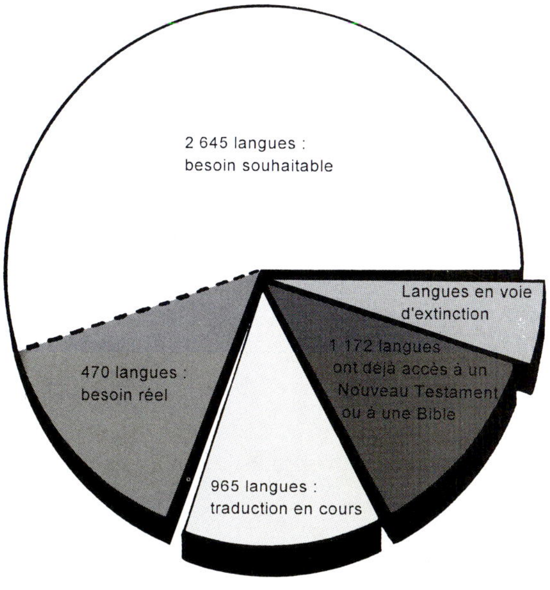

DE LA PLUME À LA PAGE

On peut traduire de différentes manières. Là où il n'existe ni église locale établie, ni groupe de croyants, les traducteurs travaillent avec des interprètes autochtones.

De plus en plus souvent, cependant, l'église locale se charge du projet. L'un de ses membres, formé en linguistique, fera le travail en recourant à l'aide d'experts extérieurs si nécessaire.

De nos jours également, les Sociétés Bibliques travaillent à différents genres de traduction pour répondre aux besoins spécifiques qui se manifestent : des éditions dans un vocabulaire simple, en langage « courant » pour les gens qui ont peu de connaissances bibliques ou sont peu familiarisés avec le langage religieux.

Une fois que la traduction de base a été effectuée, il faut constamment la réviser.

PREMIÈRES ÉTAPES

Langues non écrites

1. Apprendre la langue avec un interprète local. Choisir les lettres de l'alphabet romain qui conviennent pour chaque son.

2. Composer un alphabet, une grammaire et une liste complète de mots.

3. Enseigner aux gens à lire leur propre langue.

4. Traduire des extraits de la Bible à partir de l'hébreu et du grec dans la langue locale.

5. Vérifier à chaque étape avec l'aide des gens du pays, pour s'assurer que le sens de l'original est bien rendu.

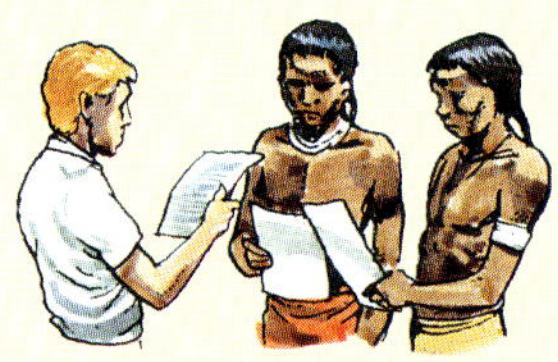

Langues ayant déjà une écriture

1. Un habitant du pays ayant reçu une formation rassemble des compatriotes pour rédiger un premier texte qui sera discuté et corrigé avant d'être approuvé.

2. Des spécialistes de la Bible et de la langue vérifient les textes.

3. Les textes sont soumis aux critiques et à l'approbation des responsables des églises locales.

4. Un conseiller de la Société Biblique reste en contact étroit avec l'équipe de traduction, lui apportant aide et conseils.

Les langues vivantes changent si vite que chaque traduction doit être revue tous les trente ans. Beaucoup de versions plus anciennes doivent être entièrement retraduites, pour tenir compte des nouvelles lumières jetées sur les textes originaux par les découvertes et la science moderne.

La traduction a toujours été un effort lent et douloureux. Aujourd'hui nous pouvons tirer profit de technologies modernes, mais le travail est toujours aussi exigeant. À travers le monde des hommes et des femmes consacrés sont appelés par Dieu à faire en sorte que tout homme puisse disposer d'une Bible écrite dans une langue qu'il peut réellement comprendre.

À L'IMPRESSION

Après traduction, le texte doit encore être traité pour passer du stade de manuscrit à celui de livre imprimé.

Le texte est d'abord tapé sur une machine à traitement de texte et mis sur ordinateur, qui reproduit le texte sur film.

Les premières épreuves du texte sont soigneusement relues et corrigées.

On fabrique à partir des films des plaques de la taille des cylindres de la presse d'imprimerie.

Les feuillets imprimés sont rassemblés dans le bon ordre, fixés à la couverture et coupés à la bonne taille.

Les livres terminés peuvent maintenant être empaquetés et distribués.

REPÈRES POUR TRADUCTEURS

Le traducteur moderne suit quelques règles et repères importants.

- Il ne faut rien ajouter.
- Il ne faut pas changer le sens original.
- Les idées difficiles doivent être rendues par l'équivalent *naturel* de la nouvelle langue le plus proche de l'original.

Par exemple dans la langue konkomba du Ghana, pour l'expression « être vivant » on dit « avoir un nez », de sorte que si l'on traduisait directement en français « il aura la vie éternelle », cela donnerait « il aura un nez qui ne finit pas » ! Si vous trouvez cela drôle, que pensez-vous de l'expression française « tirer les vers du nez de quelqu'un » ?

À TOI DE TRADUIRE

Lis les quatre premières phrases en konkomba, une authentique langue du Ghana. Remarque comme les accents et les points changent complètement le sens (ú signifie que la voix s'élève sur cette lettre, ù qu'elle baisse). Essaie maintenant de traduire la phrase 5 et écris la phrase 6 en konkomba.

1	ù sú úpiì	Il a ôté la peau d'un mouton.
2	ù sú ùpiì	Il a ôté la peau d'une femme.
3	ù sù úpiì	Il a volé un mouton.
4	ù sù ùpiì	Il a volé une femme.
5	ùpií sú úpiì	______________
6	______________	Une femme a volé un mouton.

QU'Y A-T-IL DE SI SPÉCIAL DANS LA BIBLE ?

La Bible se présente elle-même comme un livre unique. Voici quelques-unes de ses affirmations.

> **Toute Écriture est inspirée de Dieu et utile pour enseigner la vérité, réfuter l'erreur, corriger les fautes et former à une juste manière de vivre, afin que l'homme de Dieu soit parfaitement préparé et équipé pour accomplir toute œuvre bonne.**
>
> 2 TIMOTHÉE 3 : 16-17

> **La parole de Dieu est vivante et efficace. Elle est plus tranchante qu'aucune épée à deux tranchants. Elle pénètre jusqu'au point où l'âme et l'esprit se rencontrent, jusqu'au point où les jointures et la moelle se touchent. Elle juge les pensées et les désirs du cœur de l'homme.**
>
> HÉBREUX 4 : 12

> **On ne peut supprimer ce qu'affirme l'Écriture.**
>
> JEAN 10 : 35

Nous avons appris beaucoup de choses sur l'histoire de la Bible, ce livre remarquable, depuis ses origines jusqu'aux efforts accomplis pour la mettre à la portée de toute nation et de toute tribu aujourd'hui. La Bible a changé des millions de vies. Elle a transformé des pays entiers. Qu'est-ce qui la rend si spéciale ?

La Bible est l'histoire de Dieu lui-même. Si les gens veulent connaître qui est Dieu, à quoi il ressemble et ce qu'il a fait, la Bible le leur dira.

La Bible nous raconte l'histoire du peuple que Dieu s'était choisi. Elle nous raconte la vie, l'enseignement, la mort et la résurrection de Jésus. Elle a un message pour nous aujourd'hui. Elle répond à nos besoins les plus profonds. Elle nous offre l'espoir et un véritable but.

Dans l'introduction à son évangile, Luc écrit :

> **C'est pourquoi, à mon tour, je me suis renseigné exactement sur tout ce qui s'est produit depuis le début et il m'a semblé bon, cher Théophile, de t'en écrire le récit suivi. Je le fais pour que tu puisses reconnaître la vérité des enseignements que tu as reçus.**
>
> LUC 1 : 3-4

Jésus lui-même a dit :

> **Tout ce qui est écrit à mon sujet dans la loi de Moïse, dans les livres des prophètes et dans les Psaumes devait se réaliser.**
>
> LUC 24 : 44

QUE DIT LA BIBLE ?

Les premiers chapitres de la *Genèse* plantent le décor. Toutes les questions humaines importantes sont soulignées ici : la création de l'univers et de l'humanité ; notre relation avec notre Créateur, avec les autres et avec la nature. L'orgueil humain qui a faussé toutes ces relations, la « chute » dans le péché, et le jugement consécutif, tout se trouve dans *Genèse 3*.

Avec *Genèse 12*, commence un thème qui se retrouve tout au long de l'histoire du monde. C'est l'histoire d'un peuple choisi par Dieu pour apporter son message à toute la race humaine.

Le récit commence avec la promesse de Dieu à Abraham, l'alliance faite avec Abraham, et à travers lui avec son petit-fils Jacob, rebaptisé « Israël ». Ses douze fils devinrent les ancêtres des douze tribus d'Israël.

LA BIBLE, LIVRE ACTUEL

Serge Tarassenko ingénieur-physicien, engagé par EURATOM : « Je me remis à lire la Bible... La découverte qui s'ensuivit transforma mon existence. Une réalité absolument limpide m'apparaissait ressortir de la Bible lorsqu'elle est lue dans cette attente totale, où tous les préjugés sont laissés au vestiaire ; une attente faite de silence intérieur, et de confiance en celui dont la Parole libère. Cette réalité a un nom précis : Jésus Christ. »

Gisèle Casadesus de la Comédie Française : « Je sais que sa Parole, que je lis chaque jour, est le fondement de mon espérance, qu'elle révèle celui qui est le Chemin, la Vérité et la Vie, celui qui est avec nous jusqu'à la fin du monde. Je sais en qui j'ai cru. Je sais enfin que Jésus est Amour, amour de Dieu, amour du prochain. »

Kipchoge Keino du Kenya, est le meilleur coureur d'Afrique. Il se souvient : « Mon beau-père avait l'habitude de me lire la Bible. Il expliquait les passages difficiles et souvent, nous discutions de la Parole de Dieu jusque tard dans la nuit. La Bible me convainquit de mon besoin d'être sauvé. En tant que coureur je m'entraîne dur pour gagner mes courses ; mais, que je gagne ou que je perde, je sais que Dieu me guide, et qu'il a un but et un plan pour ma vie. »

L'*Exode* nous parle du peuple de Dieu devenu esclave en Égypte, et de Moïse, l'homme que Dieu envoya pour le délivrer. Dieu donna sa Loi à son peuple, lui indiquant ainsi comment vivre.

Josué et les *Juges* racontent comment le peuple s'est installé dans sa nouvelle patrie, Canaan.

Ruth, Samuel, les *Rois*, les *Chroniques, Esdras, Néhémie* et les *Prophètes* retracent la longue histoire du peuple de Dieu jusqu'à la fin de l'Ancien Testament. Il n'avait pas mis en pratique la Loi de Dieu. Il ne lui était pas resté fidèle. Il fallait une nouvelle alliance entre Dieu et les hommes.

Jésus est au cœur de cette alliance. Né dans l'anonymat, il se révéla progressivement à ses disciples comme le Messie promis, le Fils de Dieu. Sa vie était un exemple parfait de la bonne manière de vivre. Et pourtant on le tua.

Mais sa mort devait aboutir à son plus grand triomphe. Il était mort pour les péchés du monde entier. Et après trois jours, il revint à la vie. On trouve son histoire dans les évangiles de *Matthieu, Marc, Luc* et *Jean*, dont les récits complémentaires présentent un portrait complet de Jésus, le Messie, le Christ.

Jésus étendit le rêve d'une seule nation à un plan de Dieu pour le monde entier. Ses disciples ont formé l'Église. Les *Actes* des Apôtres rapportent l'histoire des premiers chrétiens. Les *lettres* écrites aux églises du Nouveau Testament et le livre de l'*Apocalypse* montrent comment on peut mener une vie chrétienne dans un monde qui rejette encore le message de Jésus. Pas étonnant que ce livre soit unique !

Jean achève son évangile en indiquant le but de son livre :

« Jésus a fait encore, devant ses disciples, beaucoup d'autres miracles qui ne sont pas racontés dans ce livre. Mais ce qui s'y trouve a été écrit pour que vous croyiez que Jésus est le Messie, le Fils de Dieu. Et si vous croyez en lui, vous aurez la vie par lui. »

JEAN 20 : 30-31

Pierre Chaunu
historien, professeur à la Sorbonne : « Plus je la lis, plus je suis persuadé intimement qu'elle est la Parole de Dieu... Il faudrait qu'il arrive quelque chose d'exceptionnel pour que je n'arrive pas à trouver ne serait-ce que trois minutes pour lire quelques versets chaque jour. C'est aussi important que le petit déjeuner ! »

Cliff Richard
la grande vedette britannique dit : « Pour moi, la Bible est la parole que Dieu adresse à sa création. On peut faire totalement confiance à ses affirmations. Avec ma vie mouvementée, il m'est difficile de trouver un moment chaque jour pour lire la Bible. J'essaye de trouver du temps pour l'étudier avant d'aller au lit... L'important est de s'approcher de la Bible en s'attendant à y trouver quelque chose d'actuel, de vital et de durable. »

Charles Schulz
le créateur de Charlie Brown et de Snoopy se souvient d'avoir étudié la Bible dans son église. Il dit : « ... je ne peux pas donner une date précise de ma consécration au Christ. Un jour, je me suis soudain trouvé à ce stade... La lecture des paroles de Jésus suscite en moi toujours le même enthousiasme et je suis de plus en plus convaincu de la nécessité de le suivre. »

Daniel Wayenberg
pianiste de renommée internationale, partage son temps entre la Hollande et la région parisienne. Artiste, il est aussi chrétien convaincu. « La Bible est pour moi la Parole du Dieu vivant », déclare-t-il sans hésiter, « elle est donc absolument sûre et infaillible. Elle nous raconte le Christ, le salut qu'il nous propose. Elle exerce sur celui qui se met à son écoute une influence directe. »

Roland Giraud
jeune acteur français révélé par le film « Trois hommes et un couffin »: « J'ai d'abord lu la Bible comme un formidable roman d'aventures, surtout l'AT. Il y a des histoires qui font peur mais c'est toujours passionnant, absolument unique. Quant au NT, à la Vie et à l'Œuvre de Jésus le Christ, c'est la plus grande, la plus belle histoire jamais contée. C'est mon modèle de vie, ma référence quotidienne, moi qui suis moins que rien par rapport à Lui. La Bible contient de toute évidence le Souffle de la vie, c'est LE livre de l'humanité. »

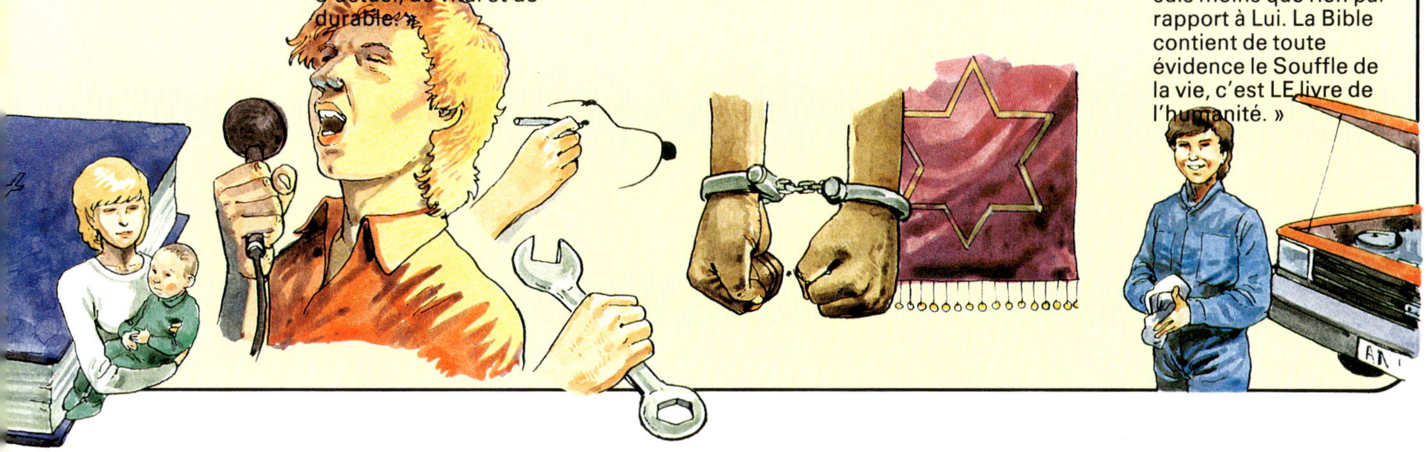

TOI AUSSI, LIS LA BIBLE

> « **Ta parole est une lampe devant mes pas, une lumière qui éclaire ma route.** »
> PSAUME 119 : 105

Il te faut d'abord trouver une Bible. Tu en as peut-être déjà reçu une et tu n'as plus qu'à souffler la poussière qui la recouvre ! Mais vérifie que c'est une version à ta portée. On en propose maintenant tant de nouvelles que ce serait dommage de te décourager devant des expressions démodées.

Il existe même des versions en bandes dessinées pour ceux qui ont décidément de la peine à s'intéresser à la lecture. Il y a des livres avec des choix d'histoires bibliques bien illustrées.

La Bible complète dans la version en français courant, éditée par l'Alliance Biblique Française, convient à tous, même à ceux qui lisent peu.

PAR OÙ COMMENCER ?

Combien de gens sont partis avec enthousiasme de la Genèse, se sont traînés à travers l'Exode et ont disparu sans laisser de traces au cours du Lévitique, s'ils sont même arrivés jusque-là ! Utilise la table des matières au début de ta Bible et le dessin du chapitre 2 « Qu'est-ce que la Bible ? » pour te retrouver, et choisis ce que tu aimerais lire d'abord.

Si tu n'as jamais lu la Bible auparavant et que tu voudrais mieux connaître Jésus, commence par le plus court des évangiles, celui de Marc. Ou bien lis l'évangile de Luc puis, du même auteur, le passionnant récit de la vie des premiers chrétiens, dans les Actes.

Pour goûter à l'Ancien Testament, tu trouveras certaines des histoires bibliques les plus connues dans la Genèse. Puis tu peux lire les récits de Moïse, dans l'Exode, et de David, dans 1 et 2 Samuel. Essaye aussi les Psaumes, pour la prière et la louange.

Les lettres du Nouveau Testament s'animeront pour toi d'une vivante réalité. Il y a la lettre de Paul aux Romains, où il présente une argumentation serrée, et d'autres, plus personnelles et intimes, comme la lettre aux Philippiens.

COMMENT LIRE

Chaque personne est différente et il n'y a pas de règles fixes sur la manière de lire la Bible. Tu peux préférer en lire de longs passages ou essayer de saisir l'idée générale d'un texte ou lire quelques versets chaque jour. Tu peux aimer l'étudier en groupe, avec d'autres chrétiens, ou avec tes parents, ton frère, ta sœur ou un ami.

Maintenant que tu m'as tout dit sur la Bible, ça m'intéresse vraiment. Que dois-je faire ?

La lire !

- Avant de commencer, demande à Dieu de te parler.
- Lis un court passage attentivement.
- Réfléchis à ce que tu as lu.
- Décide comment mettre en pratique ce que tu as lu.

QUESTIONS À SE POSER

- Quel genre de livre suis-je en train de lire ? (Rappelle-toi : la Bible est une bibliothèque).
- Pourquoi cela a-t-il été écrit ?
- Qu'est-ce que cela signifiait pour les premiers lecteurs ?
- Qu'est-ce que cela me dit ?

OÙ CHERCHER

DES PASSAGES CÉLÈBRES DE LA BIBLE

La création du monde *Genèse 1-3*
Les dix commandements *Exode 20 : 1-17*
« Le Seigneur est mon berger... » *Psaume 23*
Ésaïe a une vision de Dieu *Ésaïe 6*
La mort de Jésus est prophétisée *Ésaïe 53*
La naissance de Jésus *Matthieu 1-2 ; Luc 2*
Le sermon sur la montagne *Matthieu 5-7*
Le « Notre Père » *Luc 11 : 2-4*
La multiplication des pains *Matthieu 14 : 15-21*
Le dernier repas du Seigneur *Matthieu 26 : 17-30 ; 1 Corinthiens 11 : 23-25*
La mort de Jésus *Marc 15 ; Matthieu 27 ; Luc 23 ; Jean 19*
Sa résurrection *Matthieu 28 ; Marc 16 ; Jean 20-21 ; Luc 24*
Son ascension *Actes 1 : 1-11*
La venue du Saint Esprit *Actes 2*
L'hymne à l'amour *1 Corinthiens 13*
Jean a une vision de Jésus *Apocalypse 1 : 19-20*

QUAND ON A BESOIN D'AIDE

Comment prier *Luc 11 : 1-13*
Paroles de louange à Dieu *Psaumes 96-100*
À quoi ressemble véritablement Dieu ? *Ésaïe 40 : 12-31* ; Jean 14 : 8-31
Qui était Jésus ? *Matthieu 16 : 13-20*
Pourquoi vint-il sur la terre ? *Jean 3 : 16-21*
Comment devenir chrétien *Romains 10 : 9-13*
Que se passe-t-il à la mort ? *Jean 11 : 17-27 ; 1 Corinthiens 15 : 35-44 ; 2 Corinthiens 5*
Quand on est seul ou malheureux *Psaume 23 ; Luc 24 : 13-35 ; Matthieu : 28 : 20*
Quand on a des soucis *Matthieu 6 : 24-34*
Une prière rapide au milieu des problèmes *Psaumes 57 ou 70*
Une prière pour demander pardon *Psaume 51* (également à propos du pardon *1 Jean 1 : 8-2 : 2*)
Quand on a besoin d'être dirigé *Psaume 25 : 4-10*
À propos de la paix *Jean 14 : 27-29 ; Philippiens 4 : 6-7*

Index

Solution du jeu "déchiffre le code", en p.6:
"le fils de l'espace salue la terre"